ジェイムズ治美

衣の女王

コットランドのメアリ

彩流社

はじめに

スコットランドとフランスの二国で咲いた花とも言うべきメアリ・ステュアートは、生後六日にしてスコットランド人の女王・メアリとなった。五歳半で将来、フランシス王太子（主要人物のフランス名は英語読みにする）と結婚するためにフランスに渡ると、当時フランス宮廷は、イタリア・ルネサンスの香りが満ち溢れていた。そこで王太子と同じ水準の教育を受け、文芸に親しみ、成長した。フランス王ヘンリ二世が崩御すると、王太子はフランシス二世となり、メアリはスコットランドの女王であり、同時にフランスの王妃となった。

フランスではメアリ女王の紋章は、太陽に向かって咲く「マリゴールド」で、後に刺繍をたしなむようになると、キャンバスにマリゴールドの花をよくあしらった。マリゴールドに象徴されるメアリ女王のモットーは、「強さが私を惹き付ける」で、文字通り苦難の人生を強靱な精神力で突き抜けていった。フランスでは正に太陽に向かって大きく開花した。

しかし十八歳半で、統治者として祖国スコットランドに戻ると、そこはプロテスタントを奉じる国となっていて、カトリック教徒の女王は大きな分裂の中に身を置かざるを得なかった。その上、貴族や裕福な地主たちは、部族間闘争に明け暮れ、忠誠心もなく、富と権力を増大させることばかりの生き方であった。

メアリ女王の称号は、「スコットランド人の女王・メアリ」である（メアリ・クイーン・オブ・スコッツ、スコッツはスコットランド人という意味）。国民に支えられてこその女王である。若く、美しく、情熱的で、カリスマ性のある女王は国民から慕われ、敬意を持たれた。ただほんの一瞬、人間の弱さが現われた時、判断を誤ってしまった。女王としては、精一杯の力を振り絞って統治しようとしていたのだが、国民からそっぽを向かれるようになってしまった。

何とか立ち上がろうと奮闘するが、いつの間にか、黒い渦の中に心ならずも飲み込まれていった。運命としか言いようがない状況であった。英国史上最も悲劇的な女王と言われる。

人生最後の舞台となったフォザリンヘイ城は、今はもう跡形さえ残っていないが、城の三方が堀になっていて、その斜面にはスコットランドの国花であるアザミの花が、今でも風に揺られて咲いている。「スコットランド人の女王・メアリの涙」と、イギリスの歴史作家に命名された薄紫のアザミが風には抗えず、吹かれるに任せている。吹かれるに任せるしか術のない、運命の風に打たれ続けた女王であった。

もう一方はニーン川に面していて、川の対岸にはエメラルド・グリーンの野原が遠々と続いている。川面には鴨が泳ぎ、野原では牛がのんびりと草を食んでいる。生と死を暗示するかのような対照的な景色である。

廃墟となった城跡に立ってみると、メアリ女王の姿が浮かび上がってくる。一メートル八十センチのすらりとした長身、大理石のようにすべすべとした真っ白い肌、赤みがかった茶色の髪、アーモンドのような形の大きく生き生きとした金褐色の目をした、ヨーロッパ一美しかった姿が現われる。美しいのは姿だけではなかった。それ以上に美しいのは魂であった。慈悲心に満ち溢れ、平民、貧しく、困っている人々に、いつも施しの気持を忘れたことがなかった。二つの美しさが相まって、出会う人々の心を動かし、魅了した。

その上、強い意志力と信念を持ち、何事を行うにつけても全身全霊で行った。楽しむ時は、エピキュロス的に今という瞬間をとことん掴み取り、苦しみや悲しみに出会うとすぐに、その影響が肉体に及び、病に倒れることになるのもしばしばのことであった。カリスマ性を持ち、人々の心を惹き付ける驚く程の磁力を生まれながらにして持っていた。

メアリ女王の心の花、アザミもマリゴールドも、「運命」の嵐にもぎ取られそうになりながら、存在の全てを掛けて与えられた命を全うしようとした。鉄の意志力を持ったメアリ女王と「運命」との、壮絶な闘いそのものである。

人々の心の中でこの二つの花を咲かせ続けたいと思うのは、メアリ女王の四百三十年以上続く祈りの力かもしれない。

目次

第一部

第一章　零歳の女王

北海から凍てつくように冷たい風が吹きすさぶ、極寒の日であった。

スコットランドの首都、エディンバラの西方、半円形の丘の上にあり、北側を湖に面しているリンリスゴウ宮殿で、王女メアリ・ステュアートが産声を上げた。宿命の嵐に抗うかのように、大きく強い産声であった。一五四二年十二月八日のことである。王女の母親、メアリ・オブ・ギーズの出産の間では、石の床からしんしんと冷気が立ち、分厚い絨毯がなんとかそれを防ぎ、石造りの暖炉は、入れて間もない丸太がごうごうと真っ赤な炎を立ち上げていた。

一方その頃、メアリ王女の父、ジェイムズ五世は、リンリスゴウ宮殿からさほど遠くないフォークランド宮殿で、息絶え絶えとなり死線を彷徨っていた。ちょうど生と死がすれ違うかのようであった。

フォークランド宮殿はファイフにあり、セント・アンドルーズの南西に位置する、森に囲まれた狩猟用として、代々のステュアート朝の王たちに使われてきた。

スコットランドは十三世紀終わりから、絶えずイングランドと戦ってきた。今度もジェイムズ五世は「ソルウェイ・モスの戦い」でイングランド軍と激戦の末、大敗を期したのであった。王の落胆はひどく、気力も失せ、立ち上がることができなくなってしまっていた。侍従が気力を取り戻させようと話しかけた。

「陛下、どこでクリスマスをお迎えになりますか」

「分からん。どこでもかまわん。だがこれだけは言える。クリスマスにはきっと、王のいない王国となるぞ[1]」

このような王に届いたメアリ誕生の知らせは、王の絶望をさらに深めるものであった。

顔をしかめた王は、苦々しく声を振り絞った。

「(ステュアート朝は)女の子で始まり、女の子で終わるだろう」

しかしステュアート朝は、王の杞憂どおりにメアリで終わることはなかった。ロバート・ザ・ブルース王の娘、マージョリから始まったが、一七一四年アン女王まで続いたのである。

王の命の火がちらちらと力なく消えかかっている中、脳裏に父と母の面影が姿を現わすのであった。父のジェイムズ四世もまた「フロデンの戦い」で、イングランド軍の圧倒的な力の前に、戦死した。

「ああ、父の無念を晴らすことができなかった」

王は消え入るような声で呟いた。侍従はなおも王を励ました。

「陛下、大丈夫でございます。また元気を取り戻されましたら、いくらでも機会は巡ってまいります。お気を強くお持ちくださいい」

母のマーガレット・テューダーは、ヘンリ七世の長女で、ヘンリ八世の姉であり、エリザベス一世の伯母にあたる。マーガレットは最初の夫、ジェイムズ四世を亡くし皇太后となった後、再婚したが、うまくいかず情緒不安定であった。母親は周りの者たちに放言した。

「私には再婚したアンガス伯爵との間に娘が生まれたわ。でも、伯爵には愛人がいて愛欲にふけっていることが分かりましたの。すぐに家を出ます」

だが、このアンガス伯爵との間に生まれた娘こそ、後に息子を産み、その息子が、今生まれたばかりのメアリ王女と遠い将来に結婚することになるとは、メアリの父、ジェイムズ五世の頭に思い浮かぶことはなかったであろう。しかもジェイムズ五世は、アンガス一族を忌み嫌い憎んでいた。

「余が若い頃、アンガスめ、余を誘拐して、自分が摂政となろうと企みおった。腹黒いやつ」

等と口にしたのも、もう随分昔のことであった。

今、死を前にして、愛しい母親の顔がぼんやり浮かんでは消えるのであった。残念ながら王は、この母親の情緒不安定を受け継いでしまい、自らも私生児を九人ももうけていた。

メアリ王女の父、ジェイムズ五世は息を引き取った。十二月十四日のことである。まだ三十歳の若さであった。エディンバラのホリルード宮殿にある、黒一色に仕立てられた寺院に埋葬された。

こうしてメアリは、生後六日にしてスコットランド人の女王・メアリとなった。

メアリ女王の母、メアリ・オブ・ギーズは僅か二十七歳にして未亡人となり、スコットランド王国の皇太后として果たさなければならない大きな役割があった。彼女は女官に自分の志を伝えた。

「私は伝統に従って、すぐに表舞台に出て幼いメアリの摂政を務めることはしません。でも後ろに立って、まだ粗野で、貧しく、法に従うことのないスコットランドを何とかして文明国へ、法治国家へ引き上げるよう、心に固く誓っているのです」

事実、スコットランドでは部族間抗争が絶えず、貴族や土地の有力者たちの倫理感は低く、自らの権力、富の増大こそが最大の生きる目的という状態であった。

メアリ女王の母、メアリ・オブ・ギーズは名だたるフランスの名家、ギーズ家の出身であり、ヴァロア王朝、フランシス一世の愛顧を一身に受けた。王の娘のように可愛がられ、ジェイムズ五世との結婚も、王からの勧めで実現したものである。最初の夫、ロングヴィユ公爵・ルイを病気で失い、二十一歳にして寡婦となったメアリ・オブ・ギーズに王は勧めた。

「スコットランド王と結婚してはどうか」

「いえ、夫を亡くしてまだ二か月も経っておりません。陛下、そのようなことは考えられません」

「だが、マダムが結婚すれば、フランスとスコットランドの結び付きが強くなるのは間違いない。それにギーズ家も大喜びするのではないか」

敬愛するフランシス一世から、このように勧められ、父親のギーズ公爵・クロードからも押され、その上ジェイムズ五世自身からも訴え掛けられるような手紙を受け取っていた。

スコットランド王は手紙の中で、物理的にも心理的にもフランスの助けが必要だとひしひしと訴えた。

「……スコットランド貴族たちは、忠誠心がないばかりか、権力闘争に明け暮れ、強欲です。私は反逆貴族たちに信頼が置けず、神経衰弱になる程彼らに悩まされております。しかも、スコットランドは経済的にも、苦しい状況にあります。私にはマダムのお力添えが是非とも必要なのです(2)」

この切々たる訴え掛けに心を動かされ、義務感、使命感を抱くのは、いかにもメアリ・オブ・ギーズらしい。

「よろしいです、陛下、決めました。そのように必要とされているのでしたら、私は結婚いたします。フランスとスコットランドのために、お役に立てるのでしたら」

このようにフランシス一世に答えた。人を助けることが、自分の人生の中で大きな位置を占めていた彼女にしてみれば、そう突飛な決断ではなかった。

彼女の芯には、若い時に培われたキリスト教の精神とノーブレス・オブリージ(高い位置にいる者の義務)が脈々と息づいていた。

一つには、祖母、フィリパの影響を受けたことにある。名だたる美貌の持ち主だったフィリパも、五十八歳になって健康が衰えてきたので、転地療養としてザ・プアー・クレアズ修道院に出向いた。

しかし、遂に家に戻ることはなく、死ぬまで尼僧院で暮らした。この尼僧院では、「全ての持ち物は喜捨し、尼僧たちは敷物もない板の上に藁を敷いてベッドにし、最も粗末な服や食べ物に満足して暮らした[3]」。そうすることで精神は研ぎ澄まされていった。

メアリ・オブ・ギーズが十一歳になった時、両親のクロードとアントワネットは娘を祖母のいる尼僧院へ送った。教会でのキャリアを考えていたからである。

メアリ・オブ・ギーズは祖母との再会を喜んだ。

「お祖母様、お会いできて嬉しい」

「ああ、可愛い孫娘。良く来たわね。しっかりと教会や僧院のことを学ぶのよ。私の時祷書(ア・ブック・オブ・アワーズ、礼拝様式や祈りが書かれている)をあなたにあげるから、良く祈り、よく学ぶのよ」(この時祷書は五百年近く経った今も、スコットランド国立図書館に保管されている。)

この尼僧院で、十一歳から数年間暮らしたことは、メアリ・オブ・ギーズの性格形成、人生の価値観醸成において、大きな役割を果たしたのは間違いのないことである。

メアリ・オブ・ギーズは長じて、機会がある毎に困った人々を助けようと進んで行動した。孤児や貧しい老人たちに会うといつでも、救いの手を差しのべた。

「お名前は何とおっしゃるの。良かったらこれでお腹を満たす物でも買ってください」

修道院や養老院を訪ねては、

「お望みならあなたに服をお作りしましょう。伴の者と一緒に縫って差し上げます。どの生地を選びましょうか」

貧しい少女たちには、夫が見つかるように持参金を提供したり、地方の子供たちの教育費を支払って上げたりと、苦しむ人々をできる限りのことをして、手助けしようとした。(4) この慈悲心は、フィリパから息子嫁アントワネット、孫メアリ・オブ・ギーズ、さらに曾孫スコットランド人の女王・メアリへと受け継がれていったのである。

メアリ・オブ・ギーズは十六歳になると尼僧院を出、ギーズ家の野望を背負って、フランシス一世の王妃の戴冠式で、社交界へのデビューを果たした。

「宮廷のこの明るい燦めき、色彩の美しさは、尼僧院の暗い色彩とは何と違うことでしょう」

正にまばゆい光の中に躍り出たような感覚であった。彼女は二つの世界の違いに驚いた。この時フランス宮廷には、イタリア・ルネサンスの影響が色濃く見られ、画家、詩人、学者に接して、文芸の香りをしっかりと吸い取った。モノクロの尼僧院の生活から、色彩と光が溢れる華やかな宮廷生活に入り、ここで数年間過ごした。禁欲的に自己を律する僧院の生活も、華やかさに満ちた宮廷での文化的な生活も共に大きな経験として、彼女の内面に貯えられていったのである。

メアリ・オブ・ギーズがジェイムズ五世と再婚するとすぐに、ステュアート朝を継ぐべき二人の息子が生まれたが、二人とも幼くして相次いで亡くなり、王も亡くなってしまった。だから何としても残されたメアリ女王を大切に守り、育てなければならなかった。

スコットランド宮廷の女官たちは、メアリ・オブ・ギーズの容姿も、振る舞いも賞賛した。

「皇太后様は、背もお高く、その上明るく、才知にも長けておられ、とても魅力的な方でいらっしゃいますこと」

もう一人の女官は答えて言った。

「メアリ女王も、きっと皇太后様に似て、美しく、賢明に成長されることでしょう」

その言葉どおりに、二人はとてもよく似た母子であった。


当時、イングランドとフランスはスコットランドの掌握をめぐって敵対していた。イングランドでは、ヘンリ八世はどうにかしてスコットランドを自分の権力の下に置き、グレイト・ブリテン島全体を治めたかった。一方、フランスにとってスコットランドは、イングランドと戦うに当たって重要な足場であった。こうしてヘンリ八世とフランシス一世の睨み合いが続いていたのである。

イングランドではヘンリ八世が、三番目の妻、ジェイン・シーモアとの間に生まれた、後継に据えるべき息子、エドワード王子と、スコットランド人の女王・メアリとの結婚を決意していた。メアリを自分の宮廷に連れて来れば、いずれスコットランドは自分のものになると考えていたのである。

そこで、ヘンリ八世は「ソルウェイ・モスの戦い」で捕虜にしたスコッツ(スコットランド人)をロンドン塔から釈放した。

「完成したばかりのハンプトン・コートにようこそ。自由の身になっていい気分であろう。皆に贈り物をしたい。ただし、スコットランドに戻ったら、エドワードとメアリの結婚に向けて協力してくれるのが条件だ。いいか、頼む」

「承知いたしました。仰せのとおりにいたします」

このようにして、ヘンリ八世の「手荒い求婚」(ラフ・ウーイング)作戦が始まったのである。この時、エドワード王子は五歳、メアリは一歳にも満たなかった。

ヘンリ八世はイングランド大使として、ラルフ・サドラーをエディンバラに送り、状況を調べさせた。リンリスゴウ宮殿でメアリ・オブ・ギーズはサドラーと何回にもわたって会見した。

「エドワード王子とメアリの結婚話は、何と素晴らしいものでしょう。将来は全てにおいてイングランド王のご指南を仰ぎましょう」とメアリ・オブ・ギーズは全く心にもないことを言わざるを得なかった。娘を守る必要があったからである。

「よろしかったら、娘をご覧になりますか」

サドラーを育児室に通して、乳母におくるみを脱がせた。

「弱々しい赤ん坊で、生き残れるか分からないという噂も出ているようですので、ご自分の目でしっかりと見ていただきましょう」

「ああ、何とご器量のよい、美しい赤ん坊なのでしょうか。元気いっぱいでいらっしゃいますね」

かくして、一五四三年七月一日、スコットランドとイングランドの間で、「グリニッジ条約」が起草され、八月二十五日に締結された。内容は、ヘンリ八世とスコットランド人の女王・メアリの存命中は、イングランドとスコットランド間の和平を結ぶ。メアリは十歳までスコットランドに留まり、十一歳になったらイングランドに赴き、エドワードと結婚する等であった。

メアリ・オブ・ギーズは内心焦った。大切なメアリ女王をイングランドに連れ去られるわけにはいかない。しかも、フランス・ヴァロア王家もギーズ家も、また自分も、娘も、もちろん皆カトリック教徒なのに、プロテスタントのイングランド宮廷に娘を連れて行かれることは、許し難いことである。枢密院顧問官たちを集めて、伝えた。

「リンリスゴウ宮殿に娘を置いておくのは危険です。難攻不落のスターリング城に移しましょう。すぐに準備を整えてください」

スコットランド貴族に守られ、騎兵二千五百人、歩兵千人の大行列で、メアリはスターリング城に移った。一五四三年七月二十六日のことである。

一か月半後の九月九日、スターリング城の王室礼拝所で、生後九か月になったメアリの戴冠式が行われた。摂政のアランが王冠を、フランスから呼び寄せたレノックス伯爵が笏を、アーガイル伯爵が剣を抱えての行列であった。王冠、笏、剣は王位象徴の品である。(この三つは現在エディンバラ城で展示公開されている)。

ビートン枢機卿が聖油をメアリに注ぐと、メアリは大きな泣き声をあげた。その後、グレイト・ホールで祝宴が催され、メアリの母は喜びを隠すことができなかった。

「心からの喜びや至福は一瞬しか続きません。特に争いが絶えないスコットランドではなおさらのこと。さあ、楽しみましょう、祝いましょう」

この一瞬は彼女の中に深い喜びと共に、ジェイムズ五世の残した王国を堅固に守っていくという覚悟が湧き上がってくる瞬間でもあった。

ところで、「歴史は繰り返す」を我々はメアリ女王の一生の中で目撃する。レノックス伯爵(第四代レノックス伯爵・マシュー・ステュアート)とボスウェル伯爵(第三代ボスウェル伯爵・パトリック・ヘッバーン)は、寡婦となったメアリ・オブ・ギーズとの結婚をめぐって対立関係にあった。ずっと後に、この二人のそれぞれの息子たちが、メアリ女王と深い関係を結ぶことになるのは、歴史の不思議なめぐり合わせかもしれない。

メアリ・オブ・ギーズには再婚する気は全くなかった。しかし二人は、服装、ダンス、歌、弓、馬上試合、槍試合、全てにおいて競い合った(5)。だがレノックスはしびれを切らし、ヘンリ八世の姉マーガレットと二番目の夫アンガス伯爵との間に生まれた、マーガレット・ダグラスと結婚することにした。一五四四年、ヘンリ八世が見守る中、二人の結婚のミサが行われた。この結婚によって誕生するのがダーンリで、後に、メアリ女王の再婚相手となる運命にあった。

その少し前、一五四三年十月、フランシス一世はフランス大使、ラ・ブロスを小艦隊と共にスコットランドに派遣した。彼はグラズゴウの西、ダンバートンに着いた。メアリ・オブ・ギーズのために大砲や銀を持参し、貴族には年金まで与えた。スコットランドの現状を目にしたラ・ブロスは驚いた。

「何ということだ。エディンバラの街は、僧院も尼僧院も全て破壊されてしまっているではないか。貴族も、牧師も、修道士も皆盾、矛、剣で武装しているとは」(6)

すぐに彼は目にした事柄を、フランシス一世に伝えた。

十二月にはスコットランドの議会が召集され、ヘンリ八世が和平を破ったことで「グリニッジ条約」は無効とされ、メアリとエドワードの結婚の約束は破棄されることになった。その結果、スコットランドとフランスとの旧来からの同盟が、息を吹き返した。

「グリニッジ条約」破棄に対して、ヘンリ八世は報復行為を開始した。一五四四年五月、イングランドの報復軍が、エディンバラの北部を流れるフォース川に入り、リース港から三キロ程のグラントンで下船した。ヘンリ八世は、軍勢一万五千人を率いる指揮官、ハーフォード(エドワードの叔父ハーフォード伯爵・エドワード・シーモア)に命じた。

「何もかも略奪し、焼き尽くし、破壊してやれ。神の復讐だと思い知らせてやれ」

スコットランド側は六千人の兵士で迎え撃ったが、太刀打ちできない状態であった。エディンバラの街は三日間燃え続け、その周辺も焼き落とされ、略奪された。ハーフォードは「何と愉快な火と煙の共演であろうか」とあざ笑った。

教会も、家も、何もかも焼き落とされ、遂には夫と幼い二人の息子が埋葬されているホリルード宮殿の寺院も、完全に焼き落とされると、メアリ・オブ・ギーズは気が動転した。

スコットランドでは、一五四三年頃には、宗教改革の不安が広がり始め、カトリック派とプロテスタント派の宗教の対立の煙がくすぶっていた。そのような状況の中で、残虐な血生臭い事件が起こった。

一五四六年三月、プロテスタント派の指導的立場にあったジョージ・ウィシャートが、カトリック派のビートン枢機卿の命令によって、セント・アンドルーズ城の前庭で鞭打たれながら、杭に縛られ、爆薬の入った袋を体に結び付けられ、爆破され、死んだ。その様子を、ビートンや司教たちは窓辺に座って高みの見物をしていた。

三か月後、今度はビートン枢機卿が暗殺された。ファイフの貴族たちが石工になりすましてセント・アンドルーズ城に忍び込み、ビートンの愛人の傍らを通り抜け、ビートンの寝室に押し入ったのだった。ビートンは命乞いをした。

「私は聖職者だ！　私を殺すことはできないことだ！」

彼の体は剣に突き刺され殺された。暴徒たちは城壁から二枚のシーツを結んで、死体を吊り下げた。この後ヨーロッパに広がっていく、カトリック対プロテスタントの、血で血を洗う対立を予告するような出来事であった。

セント・アンドルーズ城は十四か月にわたってプロテスタント派によって包囲された。しかしフランスからカトリック派擁護の応援が到着し、城は解放された。プロテスタントの身分の高い者はフランスの要塞に送られ、身分の低い者はガレー船に乗せられた。その中にジョン・ノックスがいた。彼はかのジョージ・ウィシャートに会ってから説教師となり、後にメアリ女王に敵対し、苦しめる人物として長く人々の記憶に留まることになる熱狂的なプロテスタント、宗教改革者であった。

一五四七年一月、ヘンリ八世が死去し、四か月後にフランシス一世が亡くなった。長い間敵対していた両雄、イングランド王とフランス王が、同じ年に歴史の大舞台から消えてしまった。ヘンリ八世の後継者はエドワードで、エドワード六世となったが、まだ九歳と幼かった。一方、フランス一世の後継者、王太子ヘンリはヘンリ二世となった。

ヘンリ二世は父親のフランシス一世よりもさらにスコットランドに力を入れた。それには彼なりの目的があって、スコットランド、イングランドをも取り込み、勢力を拡大して覇権を手に入れようと目論んでいたのである。

イングランド側は、「手荒い求婚」の最後の攻撃として、再びスコットランドに攻め込んできた。スコットランド側も、摂政アラン伯爵が国民に檄を飛ばした。

「今度こそ、イングランドをひどい目に遭わせて思い知らせてやろうではないか。どうかできる限り出兵してもらいたい」

三万六千にも上るスコッツが国中から集結した。エディンバラからさほど遠くない小高い丘にあるピンキー・クルーにおいて、両軍は激突した。スコットランド側は一万人が殺りくされ、またしても大敗してしまった。イングランドにはどうしても勝てない。

メアリ・オブ・ギーズはじっとしていられず、廷臣たちに言った。

「スターリング城でさえも、もはや安全ではありません。娘を人目に付きにくいインチマホーム
に移しましょう。あそこなら避難場所としてふさわしいと思います」

スターリング城からさほど離れてはいないが、メンティース湖に浮かぶ小さな島にあるインチマホーム修道院は、確かに人目には付きにくい場所であった。

十三世紀に創建されたアウグスティヌス教団の修道院で、湖の中の鬱蒼とした木々に囲まれる場所である。メアリは数か月後に、五歳になるところであった。母は廷臣たちに言った。

「あそこならメアリも伸び伸びと遊ぶことができるでしょう。四人のメアリも同行するように手筈を整えてくれませんか」

メンティース湖の小さな船着き場から小舟で、島の修道院に連れてこられた幼い女王は、すでにこの時から身の安全を求めて移動しなければならない運命にあり、長じてからもこの逃避行は繰り返される。


この後、メアリ女王はスターリング城に戻り、そこで冬を過ごし、翌年一五四八年二月二十一日、グラズゴウの西部にあるダンバートン城に移った。イングランド軍がまたしても、破壊行為を行うために侵入してきたからである。メアリ女王の母は侍女たちに城の話をした。

「ダンバートン城はね、大きな岩が二つに割れ、そこに挟まれるように立っているお城よ。眼下には、クライド川が流れ、お城の北にはローモンド湖があって、そこからくねくねと流れるリーヴ

ン川がクライド川に流れ込んでいるの。お城の両側に立っている岩は高くて、お城に通じる坂はとても急なのよ」

すると、侍女は少し心配そうに訪ねた。

「女王様はそんな急坂を上り下りおできになりますでしょうか」

「大丈夫ですよ。それに坂の頂上からの眺めは見事なの。フランスからのガレー船が港に入ってくるのも、見えますしね」

フランスでは、ヘンリ二世がスコットランドの状況をよく把握していて、これ以上イングランドが、スコットランドに対して力を及ぼすことを阻止したいと思っていた。ヘンリ二世はスコットランドに情熱を注いでいて、息子の王太子フランシスと、メアリ女王を結婚させて、フランスの勢力を拡大させたかったのである。

ヘンリ二世はすでにスコットランドの摂政、アラン伯爵と話を進めていて、アランに手紙を書いていた。

「フランシスとメアリ女王との結婚に是非ご賛同いただきたい。お礼に貴殿にはフランスの公爵位を授与したい」

アランは二つ返事で受け入れた。一五四八年一月にこの取引に署名捺印し、シャテルロ公爵となり、一か月と経たずにメアリと王太子の結婚交渉が始まった。

スコットランドに進駐していたイングランド軍を撤退させるために、メアリ・オブ・ギーズの弟、ギーズ公爵・フランシスとロレイン枢機卿・チャールズが共同作戦を行った。ここでも又ヘンリ二世とギーズ家が力を合わせて、ステュアート家に救いの手を差し延べたが、それは同時にフランスの利益のためでもあった。メアリの母、メアリ・オブ・ギーズはフランスに深く感謝し、摂政アランに言った。

「リース港には百二十とも三十隻ともいわれるフランス戦隊が入ったそうよ。これで一安心できますね」

「ヘンリ王のご加護で、スコットランドは安泰、これから良いことが続きましょう」

一五四八年七月七日に「ハディントン条約」が締結された。これによりスコットランド人の女王・メアリとフランス王太子・フランシスは将来結婚すること、ヘンリ二世はスコットランドの自由と法を遵守し、この国と国民をフランス人と全く同様に守るというものであった。

第二章　フランスへ

ダンバートン城の港に、遂にフランス王室専用のガレー船が入港した。いよいよメアリ女王がフランスへ向けて旅立つ時がやって来た。愛しい身内の者を次々と亡くし、今メアリの母は、最愛の娘を手放さなければならない瞬間に直面している。いくら寂しくても、母には母の大きな義務がある。スコットランドを守り、文明国へと引き上げ、フランスとの良い関係を繋げておくことである。

メアリは五歳半ではあったが、自分の公の立場を良く理解している聡明な少女であった。

「お母様、行って参ります。ヘンリ王やフランシス王太子、お祖母様や叔父様たちのおっしゃることをよく聞いて、お母様のお望みに叶うようにいたします。お元気にしていらしてください」

メアリが乗船する様子を見ていたフランスの経験豊かな軍人は、強い印象を受けた。

「今まで目にした中で、これほど完璧な人物を見たことがない。何という少女、いや女王だろうか。この地上で、これ以上期待するのが不可能なくらいの大きな期待を持たせてくれる人物だ[7]」

幼いながら、メアリは人の目を釘付にして離さない何かの秘められた力、人を魔術に掛けてしまう程の魅力を、すでに持っていた。しかも舞台上でもあるかのような、求心的な劇的効果をすでに創り出していた。人の目をそこに引き寄せ、離させない、忘れさせない磁力を持って生まれていた。

スコットランドの夏は、大西洋から南西の風や突風が吹いて、海が荒れることがよくある。この時も海が荒れて、出港は予定よりも一週間遅れてしまったが、八月七日には順風を得て船出した。いよいよメアリはヨーロッパに向けて、イタリア・ルネサンスの陽光がキラキラと輝くフランス宮廷へと向かうのであった。

船上には多くの同行者がいた。その中には後見人としてマー伯爵・ジョン・アースキン、リヴィングストン卿・ウィリアム・リヴィングストン、教育係のレイディ・フレミング、昔からの乳母、ジェイムズ五世の愛人との間に生まれた異母兄たち、それに「四人のメアリ」として有名なメアリ・フレミング、メアリ・ビートン、メアリ・シートン、メアリ・リヴィングストンがいた。四人のメアリはメアリ女王とほぼ同じ年齢で、女王が身の安全のためインチマホーム修道院に避難した時も同行していた少女たちであった。

メアリ女王は、歓声を上げた。

「着いたわ、とうとうブルターニュの港に着いたわ。向こうに見えるのは、お祖母様のアントワネットよ、きっと」

メアリは祖母のアントワネットと一緒にサン・ジェルマン・ナン・レに向かった。その途中、至る所で盛大な歓迎を受けた。サン・ジェルマンに着くと、そこにはフランシス王太子や彼の妹、エリザベス・ヴァロワが滞在していた。メアリは、自分よりは少し若いが、同じ年頃の子供たちと会えてとても嬉しかった。

アントワネットはメアリに会った第一印象を、早速メアリの母に書き送った。

「あの年齢で、今まで目にした中で一番きれいで、善良です。優雅に振る舞い、自信もしっかりと持っていますよ。赤褐色の髪も、肌の色もすばらしく、きっと美しい女性に成長することでしょう(8)」

ヘンリ二世は、十二月までにはサン・ジェルマンに戻っていた。メアリに会った王は強い印象を受けた。

「彼女は、今まで見た中で最も完璧な子」と賞賛を惜しまなかった。容姿も振る舞いも見事で、王はメアリが非常に気に入った。

「メアリは私の娘だよ」

ヘンリ二世のメアリの寵愛ぶりは、ちょうど王の父、フランシス一世が、メアリの母、メアリ・オブ・ギーズを自分の娘のように可愛がったのと相似している。

フランシス王太子は一五四四年一月十九日生まれで、もうすぐ五歳になるところであった。メアリは六歳になり、背が高く、元気はつらつで、会話も流暢であった。一方、フランシスは対照的に、背が低く、臆病で、病気がち、気難しいところがあった。しかし、二人はお互いに気に入り、特にフランシスはメアリに対して友情も愛情も感じ、大切な存在となっていった。フランシスはメアリに言うのであった。

「メアリ、あなたはとても優しいし、きれいで、いつも僕を助けてくれるね。空に数え切れないほど星があるだろう。その中でもメアリ星が一番好きだよ。空の中で一番、大、大、大好きだよ」

「フランシス、私もあなたが大好きよ。あなたのためなら、どんなことでもするわ。空から降りてくるのなら、あなたの所にしか降りて来ないわ。たぶんあなたとお義父様の所だけにね。本当に大切なお方です」

メアリにとっても最良の遊び相手、しかも将来王となるフランシスを支え大切にし、義父ヘンリ二世を喜ばせたいと直感的に思うことができる、聡明な少女であった。この年齢にしてもうすでに、王家を背負う一員であるという義務感が、しっかりと彼女の中に根を張り始めていた。

ヘンリ二世のフランス宮廷では、王の愛人ディアン・ドゥ・ポワティエが大きな影響力を持っていた。王妃のキャサリン・オブ・メディチは教皇クレメント七世の姪にあたり、メディチ家の勢力を背景にしていたが、宮廷でのディアンの力には及ばなかった。メアリがサン・ジェルマン入りした時には、このディアンが王家の子供たちの面倒をみていた。

メアリの母方のギーズ一族の勢力も目を瞠るものがあり、王妃キャサリンはギーズ家を恐れ、嫌悪した程であった。メアリは叔父のギーズ公爵とロレイン枢機卿を頼りにしていた。ギーズ公爵の妻アンヌ・デストもメアリによく話し掛けてくれる。

「メアリ、お国から遠く離れて、お母様とも離れて寂しくありませんか、大丈夫？」

「叔母様、お祖母様とお二人がいてくださるので、私はとても幸せです。母によく手紙で報告しています。それにフランシスの妹エリザベスもいてくれるので、少しも寂しくありません」

義妹エリザベスとは、子供時代の最も親しい友人となった。異国にいても、このように多くの人々から愛され、自分も心からこの人たちを愛し、満たされた気持でフランス王妃となる教育を受けるのであった。

仲良しの四人のメアリもいた。しかしヘンリ王は侍従に命じた。

「四人のメアリはドミニコ修道院に送る手配をして欲しい。メアリはここに一人で残してもらいたい。いつも一緒にいてスコットランド語でばかり話していては、いつまで経ってもフランス語が上達しない」

この妙案は功を奏し、二年もするとメアリは流暢にフランス語を話せるようになった。

四人のメアリの一人、メアリ・フレミングの母、レイディ・フレミングはメアリ女王の個人教師としてフランスに同行していた。彼女は流暢なフランス語を話し、美しく官能的で、ヘンリ二世の新しい恋人となり、男の子を産んだため、スコットランドに送り戻された。しかし娘のフレミングは後に残り、四人のメアリのリーダーとなって活躍した。

メアリがフランスに来て二年が経過し、宮廷生活にも少しずつ慣れ始めていた頃、飛び切り嬉しい知らせが届いた。母親のメアリ・オブ・ギーズがフランスを訪問する計画らしい。メアリは欣喜雀躍して、直ぐに祖母のアントワネットに手紙を書いた。

「お祖母様、母が近いうちにお祖母様と私に会いに来てくださると言うのです。もう嬉しくて嬉しくてたまらなくて、今考えていることはただ一つ、私が全てにおいて完全に義務を果たすこと、最良であるように努めることだけです[9]」

メアリは限りなく母親を敬愛し、崇拝していた。母親こそが、メアリにとって見習うべきお手本であり、全てであった。英雄崇拝に近いものを抱いていたのである。

待ちに待った時が来た。母は一五五〇年九月十九日に、夢のように姿を現わした。母はイギリス海峡に面したディエップに到着し、ルーアンに向かった。ルーアンでは、メアリはもちろんのこと、王や最初の結婚で生まれた長男フランシス、祖母アントワネットが待っていた。

「お母様、ようこそいらしてくださいました。お目にかかれてとても嬉しいです。フランス語も上手になりましたのよ」

「メアリ、私もこんなに嬉しいことはないわ。背も高くなったわね。王太子と仲良くしていますか。フランス語で少し話してみて」

メアリ・オブ・ギーズには、愛しい娘に会う他にも訪仏の目的があった。スコットランドにフランス軍を駐留させていることで、財政的に苦しくなっているため資金調達が一つにはあった。また一つにはスコットランドでの正式な摂政の地位を確保するために、ヘンリ二世の援護を求めることであった。

王は廷臣たちに命じた。

「メアリ皇太后をできる限り盛大に歓迎するよう取り計らうのだ。フランスにとって大切な人物ですぞ」

事実、目も眩むような、盛大な歓迎式典が執り行なわれた。王の脳裏にあるのは、王太子フランシスとメアリを中心にして、フランス、スコットランド、そしてイングランドを含めた覇権をいずれ手に入れることであった。メアリはすでにスコットランド人の女王であることから、フランシスと結婚すれば、フランシスはスコットランド王となる。その上、メアリはイングランド王ヘンリ七世からテューダーの血を引いていることから、将来イングランドの王座も同時に手に入れることができると、王は目論んでいた。ヘンリ二世はメアリ・オブ・ギーズを安心させた。

「メアリ皇太后、私は父、フランシス一世よりもさらに強力に、スコットランドをご支援したいと思っております。今回皇太后に同行された貴族たちには、年金を与えるつもりです」

王は実際色々と褒美を渡したりもした。

翌年二月、メアリ・オブ・ギーズは、初めて結婚生活を送ったシャトーダンを訪ねた。最初の結婚で生まれた長男を、母親の保護の下に残してスコットランドに向かっていたのである。スコットランド王妃となり、皇太后となったメアリ・オブ・ギーズは、強靱な精神力を持ち、個人的な幸せよりも、スコットランドという国への義務感、使命感を優先させる人物であった。

彼女の耳に噂話が入った。

「スコットランドの皇太后は、このまま娘と共にフランスに残り、代わりにフランス人が摂政となるらしい」

メアリ・オブ・ギーズは驚き、困惑した。直ぐさまヘンリ王の元に行った。

「陛下、フランス人をスコットランドの摂政に据えるという噂を耳にいたしました。とんでもないことです。私が正式にその任に就きたく、陛下にご助力をお願いしようと思っておりました」

「皇太后のお望みどおりに、できる限りの支援をしますよ。ご心配なさらないでください」

母と娘が一緒に傍にいて、文化の花咲くフランス宮廷で安楽な暮らしができるし、野蛮なスコットランド貴族たちと渡り合う必要もない。心安らぐ華やかな日々を送ることが可能であった。

しかしメアリの母の血には、誇り高い、いつも高みを望むギーズ家の野心と、人間精神の深みにある人のため、国のためという犠牲心が脈々と流れていたのであった。だから、温々とフランス宮廷に留まる気は全くなかった。その上、フランスとスコットランドを繋いでおくという使命感もあった。

メアリ・オブ・ギーズは、フランス宮廷の人々や自分の家臣に知らせた。

「私がフランスに来て一年が経とうとしております。そろそろスコットランドに戻る時が来ました。冬になってしまえば、ガレー船を運行することは無理でしょう。帰国の準備を始めようと思います」

メアリ女王は一人自分の部屋に戻って泣いた。

「お母様にはまだいて欲しい。見習いたいことも山程あるわ。お母様ともっと長く一緒にいたい」

メアリ・オブ・ギーズはアミアンへ向かった。もうすぐ十六歳になる長男が同行してくれた。しかし、道中突然病に倒れ、母の腕の中で息を引き取った。もうメアリ女王しか彼女には残されていなかった。それでも最愛の娘をフランスに残して、スコットランドに戻るしかなかった。スコットランドを守り、文明国へと引き上げることこそが彼女の生きる目的であり、生きる指針であり、生きる意味である。鉄の意志を持つ女性であった。

メアリ・オブ・ギーズは、一五五一年十月二十三日、イギリスのポーツマス港に着き、ハンプトン・コートへ向かった。ヘンリ八世の跡を継いだエドワード六世と会見することにしていたのである。通行許可証を出してもらったこともあり、表敬訪問であった。

エドワード六世の廷臣たちに迎えられた。

「メアリ皇太后、鹿狩りでもご覧に入れましょう。狩猟場の方へご案内致します」

十日程して、ウェストミンスター宮殿の大ホールで、かつてメアリ女王と結婚の話があったエドワード六世と会見した。

「メアリ皇太后、ようこそいらしてくださいました。フランスからご帰還の由、メアリ女王はお元気でいらっしゃいましたか」

「恐れ入ります。フランスによく馴染み、しっかりと比類ない良質の教育を受けております。フランス語も流暢になり、イタリア語、ラテン語も学び、詩も書いているようです」

「それは結構なことですね。ご母堂も随分お喜びになり、ご安心なさったことでしょう」

十四歳の王からは、義母、キャサリン・パーが所有していたダイアモンドの指輪と二頭の駿馬を贈られた。

イングランド宮廷では、メアリ・オブ・ギーズの会見から二年程した、一五五三年夏、エドワード六世が結核のため崩御した。ヘンリ八世の遺言により、最初の妻、スペイン人のキャサリン・オブ・アラゴンとの間に生まれた娘メアリ・テューダーに王位が受け継がれ、メアリ一世となった。

彼女は偏狭的なカトリック教徒であり、廷臣たちでさえ恐れを感じていた。

「メアリ一世のやり方はひどいですね。我々プロテスタントをあのように弾圧し、迫害し、殺害までしているのですから」

「血生臭いメアリ(ブラディ・メアリ)と呼ばれるのももっともですね。女王の手も胸の内も、残虐な赤い血で染まっているのですから」

「今に私たちも、ひどい目に遭うかもしれませんよ」

翌年一五五四年、メアリ一世はスペイン王チャールズ五世の息子、フィリップ二世と結婚した。

イングランドでも、このようにカトリックとプロテスタントとの軋轢が表面化していた。この事実は、その後のスコットランド人の女王・メアリの身の上に大きな影を落とすことになる。

スコットランドでは、一五五四年四月十二日、メアリ・オブ・ギーズが正式にスコットランド人の女王・メアリの摂政となることが、議会で批准された。ヘンリ二世の代理がスコットランドの王冠をメアリ・オブ・ギーズの頭に載せ、笏と国剣を手渡した。メアリ・オブ・ギーズは権力を取り戻し、本来あるべき所に返ってきた。

「さあ、シャテルロ公爵が占有していた王家の部屋を、これからは私たちが使うのです。フランス人の皆さんにも、頑張って王室を支えてもらわなければなりません」

多くのフランス人が採用され、国璽保管までフランス人に任されると、スコットランド貴族たちは不満を抱いた。何もかもフランス人に牛耳られていると感じたのである。しかしこれはヘンリ二世が思い描いていた構図に沿うものであった。ギーズ家にとっても望ましいことであり、一家の勢力がフランス・ヴァロア王家と固く手を結ぶことになる。

メアリ・オブ・ギーズはスコットランドのために、そしてフランスのためにも全精力を注ぎ込んだ。とは言っても、未熟な、粗野な国家としてのスコットランドを、フランスに並ぶ文明国にし、正義と法と秩序を国にもたらすのは生易しいことではなかった。彼女は弟のロレイン枢機卿に、手紙でその心情を吐露するのであった。

「私がどんな人生を送っているかは、神様が分かっていてくださいます。未熟な国家を完成させるのも、正義に支配させるのも、容易なことではありません。ああ、世事に関わらない人こそ幸せです。過去二十年間というもの、一日たりとも心が安らいだことはないのですよ。それでも、試練の中で苦悩することが一番大事なことだと信じております(10)」

メアリ・オブ・ギーズはどんなことがあっても、嵐に吹き飛ばされそうになっても、スコットランドの地にしっかりと両足で立ち、神から授けられた義務を果たそうとしていた。

宮廷の、特にフランス人の女官たちは話し合うのであった。

「ご存知でしょう。摂政は、若い頃尼僧院で鍛錬なさったのですよ。だからお身体も、お心も飛び抜けて強固でいらっしゃいます」

「ああ、だから、摂政はあのように弱い方たちの味方をされるのね。宮廷に仕える者たちのことをよく考えてくださって、寛大でいてくださるのね」

メアリ・オブ・ギーズのこの姿勢は、将来そのままメアリ女王に受け継がれていく。スコットランド人の歴史家、ロザリンド・マーシャルが言及しているとおり、ギーズの選んだ紋章は、風や波に打たれる岩の上に置かれた王冠で、その上には「それでも立っている」とある。これこそ彼女が貫き通した信念である。

第三章　フランス宮廷の華

メアリ女王はフランス宮廷でますますその輝きを増していった。当時、イングランドでも同じ傾向が見られたが、良家の子女は高い教育を受けることが重要視されていた。王家の教育係を賜わっていたディアンは、自らも高い教育を受け、鋭い知性の持ち主であった。彼女が教師の任命から、教育科目選択まで全てを牛耳っていて、ヘンリ王からの信頼も厚かった。ディアンは王に報告した。

「陛下、メアリ女王はギリシャ語、ラテン語、フランス語、イタリア語と、旺盛に学んでおられます。修辞学も、歴史も、詩学も教育計画に入れております」

「ディアン、よくやってくれているな。ありがたく思っているよ。とても頭のいい子のようだから、どんどん進めてくれ」

「陛下、承知いたしました。詩も書いてもらっております。非常に感性の鋭い少女です」

メアリはキケロ、プラトン、アリストテレス、プルターク等を学び、エラスムスの『愚神礼讃』

とプトレマイオスの『地理』といった本も自ら所有していた。若い女王の頭脳に、これらの古典作品がしっかりと教え込まれていった。

メアリは詩が好きであった。自分で詩を書いたが、詩人たちのパトロンにもなった。宮廷詩人七人がプレイアディーズ(昴)という名のグループを作り、明晰で、優美で、単純な言葉を使って書く、新しい詩を目指していた。その中の一人、ロンサールは、スコットランドのジェイムズ五世の宮廷で小姓をしていたことがあり、メアリは特に彼に親しみを覚えた。ロンサールは、「メアリ女王よ、あなたは美しい、美しい以上に、魅力的な明けの明星」と謳っている。

刺繍もメアリにとって生涯続く楽しみとなった。刺繍師、ピエール・ダンジュから手解きを受け、腕前を上げていった。メアリはピエールに言う。

「私のモットーは『強さが私を惹き付ける』で、紋章はそれを象徴するマリゴールドの花です。刺繍にその花を使いたいのです」

「では、図鑑を見てその花を探してみましょう。絹の刺繍糸は、太陽のような明るい黄色やオレンジ色を選び、光る所には白や金も入れましょう」

メアリは歌も歌った。ダンスもこなし、ほっそりとした長身の踊る姿が宮廷人たちを魅了した。

メアリは文芸にも身を入れ、内面から洗練されていった。フランス語を自由に操ることができるようになると、物の考え方、価値観がフランスという国の文化と政治に基づいて作られ始め、精神の内側からフランス的になっていった。ディアンはメアリに思いを伝えた。

「メアリ女王様、あなたのお顔が少し違って見えてきましたよ。いつもフランス語で話していらっしゃるでしょう。発音でお顔の骨格や筋肉が変わってくるのですよ。ご自分では気が付かれないでしょうけれど。フランス人の様よ」

「本当に？　自分では気が付きません。でも、嬉しいわ」

メアリは新しい自分、今まで知らなかった自分に会った気がして、何だか心の底からじわじわと沸いてくる喜びを味わった。フランス文化の小さな結晶が、すでに顔にも、容姿にも、振る舞いにも光りを放ち始めていた。

教育の集大成として、まだ十三歳にも満たない時に、ルーヴル宮殿の大ホールで、エラスムスの『対話篇』をラテン語で見事に朗読した。宮廷人や外国の大使たちを前にしての大舞台であった。その出来栄えの素晴らしさに、叔父のロレイン枢機卿はメアリの母親にすぐに手紙を書いた。

「あなたの娘は日に日に成長して、才覚も、善良さも、美しさも、知恵も増しています。美徳も備えていて、あのように完璧な若い女性をこの国で見つけることはできません。ヘンリ王もたいそうお気に召しておられ、彼女とおしゃべりをして過ごされることがよくおありです。話題を見つけるのもとても上手で、まるで二十五歳の女性でもあるかのように、全てをよく理解しています」(11)

メアリは文芸や洞察力においてだけ秀でているのではなかった。野外活動、運動能力においても優れていた。乗馬が好きで、鷹狩りもできた。

このように精神面と肉体面の両方面において、同時に磨きをかけていった。騎士道精神に見られる文武両道という、時代の要求に見事に呼応するものであった。

宮廷詩人たちは、メアリの伝説的な美しさが、外見上の美しさだけからくるものではないと見抜いていた。それは心の泉の清らかさと深さから湧き出る、精神の美しさによるところが大きかった。また女王としての自覚から生じる威厳、教養、勤勉がその立ち居振る舞いに表われ、その上、陽気で太陽のように明るく、魅惑的であった。間違いなくその美しさは内から溢れ出すものの輝きであった。

詩人ブラトームは「十五歳で彼女の美は日中の空にある太陽のように、自ら輝き始めた」と謳った。

詩人デュ・ベレは「天はあなたの心を創り出した時勝利した。自然と技巧が一緒になって、あなたの美しさを、全ての物の中でも最も美しい、美の精髄となした(12)」と謳った。宮廷詩人としての誇張はあるにしても、その表現は事実にかなり近かった。

メアリ女王の美しさは姿や立ち居振る舞いだけに止まらなかった。その声は柔らかく、甘い話し声は聞く者の心に残った。後に、彼女に敵対することになる、熱狂的プロテスタントの説教師、ジョン・ノックスでさえも、「女神の声」と形容する程であった。

このように全方面で着実に成長していく中で、いよいよメアリは人生の高みに昇る時が来た。おそらくこの時が彼女の人生の頂点となったであろう。あまりにも早く頂点に達してしまった。

一五五八年四月十九日、パリのルーヴル宮殿大ホールで、王太子フランシスとメアリは婚約し、結婚契約書に署名したのである。フランシスは十四歳三か月、メアリは十五歳四か月であった。

婚約にあたっての取り決めは、王太子フランシスとメアリ女王の間に子供が生まれない場合は、スコットランドの王位は、最も王位継承に近いスコットランドの継承者に継がれることが一つ、もう一つは、フランシスがメアリの夫としてスコットランド人の王となるということであった。また、フランシスが父ヘンリ二世の王冠を受け継いだ場合は、二つの王国は統合され、スコットランド人はフランスの、フランス人はスコットランドの市民権をそれぞれ得ることになるというものであった。

翌週の四月二十四日、日曜日、ノートルダム寺院で絢爛豪華な結婚式が執り行われた。

詩人たちは「メアリ女王の美しさは、女神より百倍も美しい」と讃美した。

祖母のアントワネットはメアリの美しさに息を呑んだ。

「白いドレスが、あなたの大理石のように艶やかな真っ白い肌をなおいっそう引き立てているわ。きれいよ、本当にきれいよ」

「お祖母様、私本当に幸せです。お母様に見ていただきたかった!」

まるで光の中でますます輝きを増す、クリスタルのように輝いていた。頭に載せられた純金の冠には、ダイアモンド、真珠、ルビー、サファイア、エメラルドがはめ込まれていて、卵型の美しい顔は咲き誇った花のようであった。

首にはヘンリ二世から贈られた宝石のペンダントを下げていた。

「お祖母様、これはねヘンリ王からのプレゼントよ。王様のお名前をいただいて『偉大なハリ』と名付けたの。いつか王冠にはめ込んで、ヘンリ王の父性愛を永遠にそこに封じ込めようと思っているの」

「そうなさい、きっとそうなさい。とても良い思い付きよ」

実際、この宝石は、後にスコットランドの王冠に他の宝石と一緒にはめ込まれ、ヘンリ二世の限りない愛と誇りを永久のものとすることになる。(13) ヨーロッパでも有数の王太子との結婚で、メアリは幸福の頂点にいた。スコットランドやフランスだけでなく、全ヨーロッパの注目を集める存在となることが予想された。

結婚式のミサは、叔父のロレイン枢機卿が執り行ない、ギーズ家の誇りが最大に満たされることになった。ギーズ公爵が伝令官二人を連れて来た。

「さあ、ご祝儀、ご祝儀、皆でお祝いしましょう!」と言いながら、群衆に向かって金貨、銀貨をばらまかせた。するとキラキラと群衆の頭上に落ちて来て、人々の歓喜の叫び声が遠くまで轟いた。

ノートルダム寺院の前の広場にはパビリオンが建てられ、ロイヤル・ブルーの絹地に百合の紋章の付いた天蓋が設えられ、巨大な青色のカーペットには、黄金色の百合の紋章が付いていた。(14) 何もかもが壮麗そのものであった。

式典の後、義母のキャサリンが金の馬車に乗り込みながら、メアリに声を掛けた。

「メアリ、あなたは私の横にお座りなさい。ヘンリとフランシスは後ろの馬車に乗ります。これから司法宮殿に向かうのです」

「はい、お義母様、失礼いたします」

司法宮殿では祝宴が延々と続き、舞踏会で幕が下りた。舞踏会ではメアリはヘンリ二世と踊り、人々は歓喜し、あまりの美しさに溜め息をついた。

人生には完璧な一瞬、喜びだけが詰まっていて、もう少し続いて欲しい、変わらないで欲しいと神に懇願したくなるような一瞬があるが、メアリにとってはこの時がそのような瞬間であっただろう。

しかし、人生の車輪、運命の車輪はじっと一点に止まることはない。常に上になり下になり回転する。波は寄せるだけではない、引きもする。風は嵐をもたらし、凪にもなる。

イングランドでは、一五五八年十一月十七日、ブラディ・メアリことメアリ一世が崩御した。夫フィリップ二世との間に子供はなく、ヘンリ八世の遺言に基づいて、エリザベスが王位に就き、エリザベス一世となった。ローマ法王やフランス、イングランド北部のカトリック教徒たちが口々に意見を述べた。

「ヘンリ八世と二番目の妻アン・ブーリンの間に生まれたエリザベスは、私生児でしかない。最初の妻キャサリン・オブ・アラゴンとの離婚が成立していないのだから」

実際、イングランドの議会法でも非嫡出子とされた。ただ一五四四年には、ヘンリ八世の世継ぎ計画は議会から承認されていた。

ローマ法王が頑なにエリザベスの女王即位に反対し、メアリ女王がイングランド王座に就くことを強く押していれば、またフランス側が強硬に主張すれば、結果は違っていたかもしれない。それというのも、メアリはヘンリ七世から直接血を引いているのだから。しかし、ローマ教皇はメアリへの支持を公言することを避けた。教皇が自らの政策を貫徹させるためには、フィリップ二世を味方に付けておかなければならなかった。そのフィリップ二世は、できればエリザベスと結婚したいと思っていたし、イングランド、スペイン、ネーデルランドとの同盟を維持していたかったのである。

フランス側は明らかさまに権利主張はせずに、一方的に、柔らかい形でメアリのイングランド王座への権利を表明した。ヘンリ二世の指示を受けて、ロレイン枢機卿は侍従に命じた。

「王太子とメアリの紋章に、フランス、スコットランドの他にイングランドを付け加えるように取り計らって欲しい。家具、調度品、手紙や公式文書には、イングランドを新しく加えた紋章に変えて欲しい」

「分かりました。すぐそのように手配致します」

このようにして、フランス側は勝手に、今やフランシスとメアリは、当然スコットランドの王と女王であるが、加えてフランスとイングランドの王太子、王太子妃と表明することと同じ振る舞いをした。

この事実を、フランス駐在イングランド大使のスロックモートンは、直ぐさまイングランドのセシルに知らせた。セシルはメアリに関する情報を集めていて、その量がどんどん膨らんでいった。彼は熱狂的なプロテスタントであり、どんなことがあってもイングランド王座をエリザベスに守ってもらおうと献身する大臣である。この時のこの情報こそは、セシルの脳裏に刻み込まれ、イングランド王座を揺さぶる最大の危険因子として、ことある毎に思い起こされるのであった。セシルは枢密院顧問官たちに言った。

「この新しい紋章こそは、イングランド王座をメアリ女王が奪おうとする象徴として、頭にたたき込んでおいて欲しい」

「そうですね。我々もしっかりとそれを胸に刻んでおきましょう」

世界の状況は変化していた。一五五九年四月、フランスとイングランドの間で、またスペインとフランスとの間でそれぞれ和平条約が結ばれた。俗に「カト・カンブレイシ条約」と呼ばれているものである。それを鏡に映すかのように同年、夫フランシスの妹であり、メアリが心から慕っていたエリザベス・ヴァロワが、スペイン王フィリップ二世と結婚した。

五月には、イングランドとスコットランドの間で、和平条約が調印された。フランシスとメアリは、父王ヘンリ二世とキャサリンが見守る中で正式に署名した。フランシスは吃音があるため、メアリが「いとこであり、良き姉でもあるイングランド女王と、夫である王は、この和平を喜ぶ」と表明した(15)。

フランス宮廷の動向も変化していた。ギーズ家の叔父たちよりも、プロテスタントのモンモレイシ元帥が力を示し始めていて、イングランド寄りの政策を打ち出していた。これが新しいフランス路線となっていて、メアリは両者の間にあって、居心地が悪くなり、体調を崩すことが多くなった。

メアリの侍女は、父王のことに触れた。

「女王様はお父上ジェイムズ五世と体質が似ておいでです。王様も国の状況が芳しくない時、悪い知らせを受けたりされると、すぐに体調を崩されました」

「そうだったの。悪いところが似てしまったのね。ともかくも今は脇腹が痛くてたまらないの。今日は何も食べたくないわ」

メアリは元々、消化器系に問題を抱えていた。

フランス宮廷での変化を察知すると、身体がそれに鋭く反応して症状として現われ、この年六月には倒れてしまった。メアリはポルフィリン症という代謝障害に罹っていた。

そのような中、大惨事が起こってしまった。

侍従たちが宮廷で大騒ぎをしている。フランシスもメアリも大急ぎで、ヘンリ王の部屋に駆け付けると、侍従が不安そうに説明した。

「陛下は大変な事故に遭われてしまいました。馬上槍試合の最中だったのです。相手の槍の破片が陛下の左目に刺さり、どうも脳に触れているようなのです」

「フランシスス、どうしましょう。大変なことになりました。私たちの大切な、大切なお義父様。今夜は寝ずにお義父様のお側で見守り、お祈りしましょう」

フランシスとメアリは昼夜を問わず十日の間看病したが、王はとうとう意識を取り戻すことなく、大量の脳内出血で亡くなった。一五五九年七月十日のことであった。メアリはあまりにも早く、突然に、心の大きな柱の一本を失った。


一五五九年九月十八日、王太子フランシスが王位に就き、フランシス二世となった。代々フランス国王が即位する場所となっているリーム大聖堂で、ロレイン枢機卿が式を執り行い、戴冠式が行われた。メアリはフランシスをじっと見詰めて、この上なく誇らしく思った。思わずメアリの口から言葉が流れ出た。

「フランシス、白い絹のシャツとチューニックと真っ白のガウン、とても似合っていらっしゃいます。お父様はさぞかし誇りに思っていらっしゃることでしょう。いよいよ、フランスの王になられるのですね」

「メアリ、あなたはフランス王妃になるのですよ。私にはあなたの支えが絶対に必要です。二人で支え合っていきましょう。私たちの大切なフランスとスコットランドの栄光のために」

メアリは深い感慨に浸った。

宮廷では、ヘンリ二世を亡くして、喪に服していたキャサリン・オブ・メディチはイタリアの喪の色、黒の絹の長いドレスを着ていた。彼女は一五八九年に亡くなるまで、黒い服を着続けた。ずっと後のこと、十九世紀大英帝国の黄金期を築いたヴィクトリア女王が夫君のアルバート公を亡くした時も、彼女は死ぬまで黒いドレスで通したことが思い出される。

十五歳の若き国王、フランシス二世は病弱で、発熱の発作に度々襲われた。王妃共に、経験が浅いため、実際の統治はギーズ家の手中にあった。ギーズは若い二人に相談もせず、独断で大事な政策を決定したりした。

すでに変化していたフランス宮廷は、ヘンリ二世亡き後、変化の速度は増した。それはイングランドにも、スコットランドにも影響を及ぼすことになる。メアリは案じていた。

「フランシス、イングランドでは、議会でプロテスタントが正式な国教と決められていますよね。エリザベス一世も、女王の側近、セシルもジョン・ノックスも、皆プロテスタントですよね」

「そのようですね。その上、スコットランドもプロテスタントが声を大きくしているらしいよ、メアリ」

事実、スコットランドではプロテスタントの行動が激しくなり、力を得ていて、大きな変化のうねりが押し寄せていた。摂政メアリ・オブ・ギーズに反抗する貴族たちが集まり、「新教徒貴族連合」(ローズ・オブ・コングリゲイション)を立ち上げていた。過激な主張を唱えるノックスも、この年ジュネーヴから帰国し、新設されたこの会に加わっていた。日和見のシャテルロ公爵、その後継ぎの息子、アラン伯爵もこの会に加わった。スコットランド部族の中で最も裕福で力のあるアーガイル伯爵、そしてメアリの異母兄、ジェイムズ・ステュアート(後のモレイ伯爵)がこの会の指導的立場にあった。

メアリの異母兄は、イングランドと手を結び、メアリ・オブ・ギーズを追い出し、自分たちの手によるスコットランドの実効支配を目論んでいたのである。彼はイングランドのセシルに手紙を書いた。

「あのフランス人をスコットランドから永久に追放したいのです。カトリックも一緒に! その目的で、私たちは連合会を立ち上げました。すぐにも活動を始める予定です。どうか私たちを支援していただきたいのです」

これに対して、セシルは書き送った。

「その動きは、こちらでも大変重要なことと捉えており、できる限りのことはしたいと思っております。財政的にも援助しますよ」

このように、スコットランドのプロテスタント貴族たちは、イングランドと手を結んでいた。

これまで何とかうまくスコットランドを統治してきたメアリ・オブ・ギーズであったが、今勢力の均衡が反逆貴族に、プロテスタントの方に傾いていくのを、針で刺されるような痛みで感じていた。頼るべきヘンリ二世も今は亡く、「カト・カンブレイシ条約」の後では、フランスからの資金も止まっていた。自分の側にいた貴族たちも次々と立場を変えた。だが、一時メアリ・オブ・ギーズとの結婚を強く望んだボスウェル伯爵・パトリックや息子のボスウェル伯爵・ジェイムズは忠誠を誓っていた。

「メアリ皇太后、私たちはどんなことがあっても、常にお側でお支えいたします。ご安心ください。シートン卿もいつも味方でいてくれます」

「ありがたい言葉、力強く感じます。私には支えがこの上なく必要なのです」

このような時、スコットランドに破壊の嵐が吹き荒れた。ジョン・ノックスは熱狂的な説教を各地で繰り返し、カトリックを罵倒してみせた。

「ローマ教皇は反キリストである。ミサは忌むべき偶像崇拝で、カトリック信仰は真のキリスト教ではない。むしろ害を与える邪悪な宗教以外の何ものでもない。偶像は破壊するのだ！」

その結果、パースやセント・アンドルーズ等の地で、教会の建物、装飾、聖人像等が次々と破壊された。エディンバラの街では、新教徒貴族連合の者たちが、修道院や寺院を占拠し、肖像や祈祷書等を破壊した。

遂に一五五九年十月、反逆貴族たちはエディンバラ城に侵入し、メアリ・オブ・ギーズを摂政の地位から引きずり降ろそうとした。しかし、スコットランド駐在フランス大使、ドイセル率いるフランス勢によって、思いの外あっけなく追い払われてしまった。この時すでにメアリ・オブ・ギーズは、心臓病による水腫を患っていて、体調がすぐれなかった。それでも勇気を奮い立たせて、反逆貴族たちに立ち向かったのである。男性の勇気(当時としては)を持った女性である。この姿勢は、後にそのまま娘メアリ女王に引き継がれていく。

一五六〇年一月、エディンバラのフォース湾にイングランドの船が入港していた。メアリ・オブ・ギーズはフランス軍を呼び寄せ、守備隊を置いてリース港を砦にして避難したが、戦争は控えさせた。彼女は兵士に言った。

「皆さん、戦うのは止めにしましょう。あまりに長い間戦うことが益のないことだと分かっておりましたし、何よりも第一に神の名誉のために避けたいのです[16]」

兵士たちはそれぞれの持ち場に戻って行った。一か月後、スコットランドとイングランドは「ベリック条約」を結んで、イングランドがスコットランドの古代からの権利と自由を守り、正当な自由が侵されないようにするというものであった。裏を返せば、イングランドが、スコットランドの旧来の自由を保持する名目で、介入する権利を得たとも言える。

このような状況の中で、メアリ・オブ・ギーズの体調はますます悪化し、身体は膨れ上がっていた。彼女はドイセルに語った。

「私はまだ片足は動かせず、腫れが引かないのです。誰かが指を足に置けば、バターのように、ずぶりとめり込んでしまいそうです[17]」

それでも、あの強い意志で公務をこなし続けた。その数か月後には、何も食べることができなくなり、横になるのもきつく、寝る時は身体を椅子にもたせかけている状態であった。

六月七日午後八時、貴族たちがエディンバラ城に集まって来ると、彼女は弱々しい声で言った。

「お願いがあるのです。どうかスコットランドはフランスとの同盟を維持し、イングランドには背を向けてくれませんか。私はいつもフランスと同じように、スコットランド王国の繁栄を願ってきました。ですから、どうぞ娘のメアリ女王に忠誠を誓ってください。平和であるのが一番大切なことですから。どうかドイセルと話し合って、フランス兵もイングランド兵も、それぞれの国に戻るように取り計らってください(18)」

彼女は泣きながら貴族たちに弱々しく語った。

「私がスコットランドにいる間に気を悪くさせたことがあったとしたら、どうか許して欲しいのです。私の方は、私に対してなされた罪は全て許しておりますよ(19)」

そう言いながら、一人ひとりの貴族たちの手を取った。多くの者たちは、彼女の部屋を出る時には泣いていた。キリスト教の核となる「許し」を、彼女は自らの死を目前にして実行したのである。

元来慈悲心が篤く、心優しい性格であるメアリ・オブ・ギーズは、鉄の意志と、限りなく柔らかい慈しみの心を同時に自らの内に包み込んでいたのである。六月十一日夜半過ぎ、メアリ・オブ・ギーズは亡くなった。慢性の筋肉性心臓病によるものであった。


メアリの母の死は、フランスには六月十八日には届いていたが、十日間は秘密にされ遅れて知らされると、メアリは自分の部屋に引き籠もり、一か月泣き通した。

メアリは母を深く愛していたし、崇拝もしていた。かけ替えのない大きな存在を亡くし、ただ悲嘆に暮れるしかなかった。しかも一目母の死に顔を見たくても、二人はそれぞれ異国にいて離れ離れであった。メアリは小声でフランシスに聞いた。

「お母様のご遺体はどこに埋葬されるのでしょう」

「スコットランドではローマ・カトリック様式の葬儀を行うことは、禁じられているはずだよ」

「それでは、きっと叔母様が尼僧になっているリームの教会でしょう。いつになるのかしら」

メアリは喪用に、白のヴェールの付いた、針金で型を作ったフードを被っていた。その時の肖像画がある。数か月後に十八歳になるところであった。知的で美しい広い額、アーモンド形の目は悲しみを湛え、深い悲しみに沈んでいながらも、もっと強く、自分の力を頼りに生きていくという決意のようなものが見られる。そこには、母に似た強固な意志の力が漲っている。ステュアート家伝来の、形の良い長い鼻、きりっと引き締まった美しい口元からは、十八歳に満たない少女とは思えない成熟さが窺える。王国を背負って生きる意志と義務感に支えられた、強い「アニマス」とも言うべき男性的なものさえ、この美しい顔の背後には見えてくる。

この肖像画こそ、メアリがエリザベス女王に渡して欲しいと、大使のスロックモートンに託したものである。メアリは再度大使と会見した。メアリはスコットランド語で、大使は英語で会話した。二人は互いによく通じ合い、メアリは女王として、他人を介さずに堂々と自分の意見を言えるまでに成長していた。

「私は女性として彼女(エリザベス)に最も近い親戚です。私たち二人とも同じ家系、同じ血筋を分かち、女王は弟(ヘンリ七世の息子、ヘンリ八世)から、私は姉(ヘンリ七世の長女、マーガレット・テューダー)から出自しています[20]」

メアリは将来にわたっても「私たちは同じ血、同じ国、そして同じ島を分かち持っている」と繰り返した。

「大使、私はエリザベス女王のことをもっと知りたいのです。自分のことももっと知ってもらいたい。できれば二人の間で良い関係を作り上げたいのです」

「よく分かります、女王陛下。お預かりしている、あの肖像画をお渡しする時に、女王陛下のお気持ちを併せてお伝えいたしましょう」

大使スロックモートンは、メアリに対して好印象を持った。美しく、わがままで、体が弱いといった先入観とは違った、聡明で、成熟した、魅力的な女性と受け取った。大使は過去において、カトリックの女王メアリ一世に対して嫌悪感を抱いたが、同じカトリックのスコットランド人の女王・メアリには、彼の心を打つものがあり、しみじみと好ましく、賢明な、若い女王だと感心するのであった。

メアリは母を失い深い悲しみの底にありながら、常にスコットランド女王、フランス王妃であることの義務感、高い所に立つ者の責務としての自己抑制、規律を忘れることができない存在であった。ギーズ家の叔父たち、特にロレイン枢機卿がしっかりと教育していたのである。

教育の総責任者ディアンはメアリに話し掛けた。

「女王陛下、国王陛下は元々お身体が弱く、体格もよろしくないのですが、妃殿下に触発されて、あのように狩猟にも、乗馬にも精を出され、野外活動も積極的に行われるようになりました。国王陛下の強いご意志あってのことです」

「私も陛下と乗馬をする時が一番楽しいわ」

フランシスの病気がちな体質は祖父フランシス一世から受け継いだものであった。フランシス二世の十人の兄弟姉妹は、二人を除いてほとんどが若くして亡くなっている。

一五六〇年十一月中旬のこと、フランシスが狩猟から帰って来ると目まいと耳鳴りに苦しみ始めた。ひどい頭痛がし、日曜日には教会で倒れてしまった。月末には激しい発作に立て続けに襲われ、動くことも話すこともできなくなってしまった。ただ無表情で何時間も周囲を見詰めていた。耳からの膿の流出が止まったと医師団がほっと一息ついたとたん、もの凄い勢いで再び流出が起こり、遂に膿は鼻と口からも流れ出すようになった[21]。メアリは心配でならなかった。

「お義母様、フランシスが可哀想でなりません。もう一度元気になって、一緒に乗馬がしたい。ああ、フランシス！」

メアリは義母と一緒に、光を遮った薄暗い部屋に閉じ籠もって看病に当たった。だがその甲斐もなく、フランシスはすっかり弱り切って、うつぶせになったまま亡くなってしまった。一五六〇年十二月五日のことであった。あと一か月程で十七歳になるところであった。王位に就いて僅か十七か月しか経っていなかった。メアリは幸せの絶頂から、真っ逆さまに谷底に突き落とされた気持ちであった。

メアリは同年の六月に最愛の母を亡くしたばかりなのに、半年のうちに再び人生の大きな柱を、又も、失ってしまった。フランシスとは幼くして出会い、遊び仲間でもあり、弱々しく外見も劣る彼にとって、極上の美と優しさ、慈悲心を備えたメアリは、最良の伴侶であった。フランシスはメアリとの深い友情のようなもの、そして、恋心も抱き満たされた時間を、メアリを通して与えられたのである。メアリもフランシスの存在があったからこそ、フランス宮廷からもギーズ家からも大事にされ、高い教育を受け、文化の薫り高い環境の中で洗練されていったのである。

ディアンもメアリにどう話し掛けたらよいのか分からない程であった。

「女王陛下、お辛いでしょう。ついこの前お母上を亡くされたばかりだというのに。今、最も大切なお方を亡くされました。国王陛下は、女王陛下にお会いになられてからというもの、別人のように幸福感に満たされたのですよ。お顔の表情が違ってきました。喜びに溢れた明るいお顔になられ、何事にも積極的になられ、自信を持つようになられたのですよ。全てメアリ様の優しさ、慈悲心、ご理解によるものです。陛下は本当にお幸せでした」

メアリは泣くことしかできなかった。取り返しのつかない、どうすることもできない喪失感、無力感があるだけであった。

メアリは悲しみ故に、自分の姿は「弱々しいスミレの青」へと色褪せてしまったと自分を表現した。「森の小道を、花々の中を歩いていても、夜明けであろうと、夕暮れであろうと、亡き人を思って一人で泣かなければならない」メアリは、この悲しみを詩に託して自分を慰めようとした。

遠くの空に向かって
涙で濡れた目を上げると
あの方の優しい目が
雲に隠れた高みから光るのです
澄んだ、深い波となって
あの方が微笑むのです
お墓からのように

一日の長い仕事が終わり
夢が私の長椅子の周りにこっそり訪れると
私にはあの声がもう一度聞こえ
あの愛しい触れ合いに

心がときめくのです
仕事をしている時も休息している時も
私の魂は、あの方の存在に
気付いているのです

私には他に何も目に入らないのです
美しいもの、輝くものの中で
愛しい思い出が、私の心の目の前に
もたらしてくれるもの以外は
この悲しい心からは決して
その存在が去ることはないのです

私の詩――こんな呟きが終わると
あなたは不平を言います
でも、こだまとなって静まっていきます
愛、変わることなく、偽りのない愛は
息を弱めることはありません

別れても、死んでも(22)

幼少期を通して二人で育て上げた幸せしかない、夢のような、純粋な時間の重なりが、ここで途絶えてしまったという、どうしようもない、取り返すことができない寂しさが、メアリの胸に押し寄せて止まないのであった。

メアリは白い服に身を包んだ。靴もストッキングも白を選んで、暗い部屋に閉じ籠もり、身が沈んでしまう程の悲しみに身を任せるのであった。

祖母のアントワネットが訪ねて来た。

「メアリ、四十日の喪が明けましたね。フランシス王の心臓は、鉛の箱に入れられて、サン・デニ大聖堂に持って行かれたのね。少し落ち着いたら、サン・デニにお参りに行きましょう。私も是非一緒に行きます」

「お祖母様、ありがとうございます。私は今ね、どこを見てもフランシスのお顔や姿しか見えないのです。空にも、宮殿の庭にも、大理石の床にも、ディナーのテーブルにも、目を遣る所はどこにも、いつもフランシスがいるのですよ。涙を流していても、歪んだ顔のフランシスが見えるのです」

「王はメアリの全てでしたわね。本当に、王はメアリを心底から愛し、慕い、尊敬していらしたわ。二人の魂はいつも寄り添っていましたからね」

フランス宮廷でのメアリの立場が一転した。義母キャサリン・オブ・メディチが、メアリの上に立って宮廷を動かし始めた。ギーズ家の叔父たちは、以前のようには助言し、政治に関わることができなくなった。そうなると、ギーズの叔父たちは、メアリをそれ程重要視することがなくなっていった。メアリには、これから先のことを考えなくてはならない時が来た。

この時、二つのことが最重要課題であった。一つは再婚のこと、もう一つはスコットランドに戻るか否かであった。再婚の話は山程あった。その中でメアリが一番気に入ったのは、スペイン王フィリップ二世の息子ドン・カルロスであった。彼は亡夫フランシスと同じくらいの年齢であったが、フランシスよりもさらに体が弱く、肉体的にも小柄で、細く弱々しく、言語障害があり、慢性的意識障害の持病があった。だが、将来スペイン王となる身のドン・カルロスとメアリが結婚すれば、権力が大きく拡大されて、フランスのみならずイングランドにとっても、脅威となるはずであった。

一五六〇年十二月三十一日、イングランド大使のスロックモートンがメアリを弔問した。大使は心の中で、自国の女王エリザベスとメアリ女王を比べざるを得なかった。

「エリザベスは軽はずみで、愉楽にふけっている。けれどもメアリはフランシス王を失い、若くして大きな悲しみに続けて襲われながらも、けなげに自分を律している。年齢に比して、知恵、謙虚の美徳、的確な判断力を持っている。見事と言うしかない」

スロックモートンは、心ならずもメアリに軍配を上げるのであった。

ドン・カルロスとメアリの結婚話はやがて挫折した。彼の父親フィリップ二世がこの話に乗り気ではなかったからである。イングランド、スコットランドでもすでにメアリの再婚に向けて動き始めていた。

マーガレット・ダグラスとレノックス伯爵の間に生まれた、ダーンリ卿・ヘンリ・ステュアートが視界の中に入って来た。母親マーガレットは、息子に勧めた。

「ダーンリ、フランスへ出向いて、フランシス二世を亡くしたメアリ女王を弔問するのです」

マーガレット・ダグラスの頭の中には、息子をメアリに会わせるという野望があった。実は、一年数か月前、フランシス二世の戴冠式にダーンリは列席していて、メアリと会っていた。しかしこの時、メアリは王冠のこと、国のことで頭がいっぱいで、ダーンリの魅力的な容姿に気付きもしなかった。

ドン・カルロスとの結婚話が消えた後では、メアリの気持は、スコットランドに帰国して、女王として統治することに向かい始めていた。

異母兄、ジェイムズ・ステュアートが使者としてフランスに訪ねて来た。

「メアリ、そろそろ祖国に戻る時が来たのではないだろうか。帰国後のことはあまり心配することはない。ステュアート家の者たちが、お前を守るつもりでいる。私もできる限りのことはする。だから、スコットランドに戻ることを勧めるよ」

「そうね。それに、国民も支えてくれるでしょうしね」

メアリは少し楽観的な気持になることができた。だがこの時メアリは人間が多面的で、一面では優しい顔を見せても、他面では邪悪な黒い思いを秘めていることがあるのを、まだ知らなかったのである。

「お異母兄様、心が故国に向って来ました。帰りましょう。きっとそれが、一番ですね。お母様もあれ程スコットランドに心血を注がれたのですから」

異母兄ジェイムズは、父ジェイムズ五世と愛人レイディ・マーガレット・アースキンの間に生まれた非嫡出子で、メアリより十一歳年上であった。パリ大学で学び、聡明であったが、狡猾、強欲、利己心、偽善等で形容される人物で、真の紳士ではなかった。だが人々を統率する能力があり、知力も備わったスコットランド貴族であった。

一五六一年二月十八日、大使スロックモートンとベッドフォードは、エリザベス女王からメアリへのお悔やみの親書を携えて、メアリを訪ねた。二日後、再度訪ねて来て、「エディンバラ条約」に署名するよう強く求めた。だが、十八歳のメアリの判断力は見事であった。

「スコットランドに戻って、枢密院に諮ってからにしましょう」

エリザベスはイングランドの王位にありながらも、メアリからイングランド王座を脅かすことはないという明確な誓約を手にするまでは、不安でたまらなかった。メアリは大使、スロックモートンに「女王は私の白い喪服姿の肖像画を受け取っていらっしゃりながら、私はまだエリザベス女王の肖像画を受け取ってはおりませんよ」と催促した。

メアリはその一か月後、フランスに別れを告げる三か月の旅に出た。フォンテンブロを去って、最初にリームに尼僧の叔母ルネを訪ね、そこで三週間を過ごした。ナンシからジョワンヴィユへ、そしてリームに戻って最後にパリへ向かった。パリに着いたのは六月十日であった。

七月十三日にはスコットランド駐在フランス大使をエリザベスの元に派遣した。

「ドイセル、エリザベスに安全通行許可証を申し出て欲しいの。私のスコットランドへの帰国の旅が無事に終わるように、また、もし悪天候や病に襲われた時には、イングランドに上陸する許可が欲しいのです」

しかし、エリザベス女王は、通行許可証の発行をきっぱりと拒否した。メアリが「エディンバラ条約」に署名をしなかった報復であった。メアリはイングランド大使を呼び出し、自らの意志を語気強く述べた。

「スロックモートン、もし私の準備がこれ程進んでいなければ、航海を思い止まらせてもよいところです。でも今は思い切って進めようと決心しました。風は順風で、イングランドの海岸に上陸する必要はないと信じます。でももし上陸するというようなことになったら、大使、あなたの女王様は私を手の内に収め、思うとおりにされるでしょう。もし私の終わりを望む程無慈悲でいらっしゃるのなら、お気に召すようになさって結構です。私にとって惨事の方が、生きているより良いのではないかと思います。神様の御心にお任せしましょう[23]」

メアリは通行許可証も出してもらえず、思うとおりにいかない状況の中で、自らの思いを披瀝し、精神力の強固さ、勇気、すぱっと切れるような決断力を示した。しかも、この時の思いの噴出は、自らの運命を予感し、予言するかのようでもあったのは不思議である。運命の扉はまだ開かれてはいなかったが、これから先長い年月にわたって命をかけて闘うことになる、始まりの衝突であった。ある意味、自らの運命の縮図が意識下で開示され、何か黒い、不気味な障害物に出くわしたような感じを抱いたはずである。

このようなことを通して、フランス宮廷の華として楽しく、太陽のように明るく生きてきたメアリは別人のような、もっと成熟した女王になっていた。周りと滑らかに、柔らかく調和したメアリから脱皮して、母から受け継いだ鉄のように固く、ごつごつとして容易に受け入れない強さ堅さを、心の底に重りのように創り出していた。

一五六一年八月八日、イギリス大使が最後の別れに来た。

「メアリ女王陛下、通行許可証が出なくて本当に申し訳ありません。でも、私は陛下が無事にスコットランドに着かれると信じておりますし、またそれをお祈り申し上げております。女王陛下と色々なお話ができて、大変楽しく過ごさせていただきました。旅のご無事と将来のご成功を心から念じております。きっと卓越したスコットランド王国の女王として君臨されることと存じます。お身体を大切に」

「大使、私もあなたにお会いして心和む良い時間を持たせてもらいました。深く感謝します。思い出にこの銀器を受け取ってください。大使には本当に私をよく理解していただきました」

プロテスタントであり、エリザベスの特使という立場でありながら、スロックモートンとメアリは、温かいものが相互の心の中を行き交うのを感じ合った。善意の触れ合いがあった。彼は人間としてメアリに魅了されたのである。

一五六一年七月二十日、メアリのフランスとの別れの旅がサン・ジェルマン・ナン・レで終わり、そこで盛大な別離の宴が催された。二十五日には叔父たちや大勢の従者と共にカレへ向かい、八月四日にはカレに到着した。十四日、ガレー船に乗り込んだ。ぎりぎりのところで、エリザベス女王は安全通行許可証を発行したが出航には間に合わず、メアリは覚悟していたとおり、船旅を始めた。鋭敏で知的な外交官、カステルノが外交上の護衛を務めたが、彼はこの時の様子を書き留めている。

「メアリ女王は帰化したフランス人女性……全ての女性の中でただ最も美しいだけでなく、話し方、振る舞いにおいても、この上もなく優雅である(24)」

ガレー船には四人のメアリもいたし、メアリを女神と崇める詩人、シャテラールも、年代記編者のブラントームもいた。船長はスコットランドからフランスに向かった時と同じ船長で、出港の際に嵐で梯子が壊されたように、フランスを出港する時も事故が起きた。港の狭い入り江で、メアリに随行する小船隊が、別の船と衝突し、その船が沈没してしまった。メアリは船長に溺れかかっている船乗りたちを救助するように、成功した者には褒美を与えると言ったが、その甲斐なく一人も助からなかった。悪い兆しかもしれない。

スコットランドへの帰国の旅は、千キロメートルに近い五日間の船旅であった。メアリはフランスの地にずっと目を遣っていたが、視界から消えていくと泣き始めた。

「さようならフランス！　私の愛するフランスよ、今あなたが私の視界から消える時が来たわ。暗い夜は嫉妬しているのね、私ができる限り長くフランスを見ていたいと目をこらしているのに、目の前に黒いヴェールを落とすのですから。それでは、さようなら、愛するフランス！　もうあなたに会うことはないでしょう。終わったわ！　さようならフランス！(25)」

最初の夜は船室に入らずに、四人のメアリがベッドを船尾楼に置いてくれた。メアリは霧のかかった空に、もう見えなくなってしまったフランスをいつまでも、いつまでも、見続けていた。

第二部

第四章　祖国への帰還

エディンバラのリース港には朝から霧が立ちこめていたが、霧の向こうから明るい太陽の光がにじみ始めていた。するりと長身のメアリ女王がガレー船から、一歩、祖国の大地へ踏み出した。一五六一年八月十九日、火曜日、午前十時のことであった。

船から祝砲が発せられたため、人々が集まって来て、一目女王の姿を見ようとひしめいた。五歳半でダンバートン城からフランスへ船出してから、十三年の歳月が経っていた。幼かった少女から、フランス宮廷で受けた教育と経験を背に、若く、美しく、聡明な女性へと成長していた。

しばらく休憩してから、キャノンゲイトを通り、ホリルード宮殿に入った。女王の父ジェイムズ五世がフランス様式を取り入れて増築した円筒形の石造りの塔に、メアリの部屋はあった。

「女王陛下、フランスの宮殿と比べると、薄暗くて、単調で、壮麗さ、豪華さという点では劣るのではないでしょうか」

と女王の秘書官が心配そうに呟いた。

「いいえ、そんなことはないわ。父が建て増してくださったこの塔は素敵ですよ。フランスの香りさえするわ。ただ母がいないのが寂しい限りで、悲しみが身を刺すの。母のドレスの裾が廊下や部屋の絨毯を触りながら動き回っているのが目に見えるようよ。でも今は家具も装飾品も片付けられてがらんとしているから、余計に寂しさが身に染みるのよね、きっと」

「でも、陛下、フランスから荷物が着けば、壁もタピストリ(つづれ織り壁掛け)で飾られるでしょうし、床には色鮮やかなペルシャ絨毯も敷かれることでしょう。華やかさが増すに違いありません」

「きっと、そうね。待ちましょう」

寂しさを打ち消してくれたのは、エディンバラの市民たちであった。

「私たちの女王陛下は、何と美しく、若く、堂々としていらっしゃることでしょう。ようこそスコットランドに戻ってくださいました。さあ、大歓迎をしようではありませんか」

彼らは花火を打ち上げたり、バグパイプを演奏したり、女王が夜中に気が付くと、何百人もの人々が讃美歌を合唱していたりした。メアリはこの時市民と心が一つになって、これからこの国を統治するのだという勇気が湧き起こってきた。

帰国当初、女王を支えたのは異母兄ジェイムズとウィリアム・メイテランドであった。「秘書のメイテランド」として知られ、女王の身近な世話を万事引き受けた。メイテランドは有能な外交官でもあり、質の高い教育も受け、教養もあり、エリザベス女王は彼を「スコットランド叡智の華」と呼ぶ程であった。メイテランドがメアリの注意を喚起したいと思う重大事があった。

「女王陛下、現在のスコットランドには大きな問題があります。カトリックとプロテスタントの対立、親フランス派と親イングランド派の対立です。根深いものがあります。その元は、女王のお祖父様、ジェイムズ四世が、フランスから説得されてイングランドと戦うことになった、あの一五一三年の『フロデンの戦い』に起因しております。フランスは自国に都合のいいようにスコットランドを利用したのです。その結果、お祖父様はご自分の妻の弟であるヘンリ八世と戦われることになり、命を落とされ、国全体を危険に晒されました。あれ以来、スコッツはフランスに利用されないよう気を付けるようになったのです。それが、親イングランド派が出現する一つの契機になったと思っております[1]」

「メイテランド、私はスコットランドの状況を少しずつ掴み始めています。イングランドは一足早くプロテスタントを国教にしましたが、今ではスコットランドの国教もプロテスタントとなりましたね。カトリックとの対立が醜いものにならないことを願うばかりです」

「女王陛下、私が今一番強く望むのは、メアリ女王とエリザベス女王との橋渡しをして、両国を平和に繋げることとです」

「よくぞ言ってくれました。そのことこそ私が今最も願うところなのです」

イングランドの宗教改革は、エドワード六世の摂政サマセットがカンタベリ大司教トマス・クランマーと協力して進めた。イングランド議会は、礼拝はラテン語ではなく英語で行い、偶像や教会の十字架は取り払うよう命じた。

プロテスタント（新教）は元々、ドイツ人マーティン・ルターが一五一七年にウィテンバーグの教会のドアに、「九十五箇条の意見書」を貼ってローマ・カトリック教会を批判したことから始まった。一五二〇年代にはすでにルターの思想がスコットランドにまで届いていて、十年ぐらいのうちに多くの優れたスコッツは宗教改革の大義に身を投じるようになった。ルターの思想を信奉する者が多いドイツ人と取引をするスコットランド商人たちが、プロテスタントを導入したとも言われている。

スコットランドで次々にプロテスタントに改宗した貴族たちは、「メアリ女王はまだ若いのだから、そのうちにプロテスタントに改宗してくれるかもしれませんよ」と話し合っていたが、そうはならなかった。なるはずがなかった。誇り高い、確固とした信念を持った、意志強固な女王なのだから。メアリは一度も、死ぬ間際まで揺れ動くことなくカトリック教徒であった。

このような状況のスコットランドに、メアリは戻って来たのであった。宗派を巡って、筋金入りのカトリックの女王と、プロテスタントの精神的指導者、熱血漢のジョン・ノックスは激しく睨み合い、渡り合った。二人の渡り合いは見物であった。ちょうどこの時代の問題を鏡に映しているようであった。メアリはメイテランドに伝えた。

「メイテランド、ジョン・ノックスのことですが、実は私はフランスにいる時からあの人の噂は耳にしていました。彼がジュネーヴに亡命中に出版した、悪評高い小冊子『女性の恐るべき支配者に対するトランペットの最初の一吹き』を読みました。女性の君主を罵倒したもので、憤慨しましたよ。ノックスがスコットランドにいるうちは帰国したくないと思っていました」

「そうでいらっしゃいましたか。ノックスは陛下より三十歳近くも年上で、あの長い口ひげを生やしている姿は、禁欲的な予言者のようにも見えますね。イングランドで活躍していましたが、『血生臭い』メアリ一世の弾圧を恐れて、フランクフルトやジュネーヴに逃れていたのです。あの小冊子で非難したのは、『血生臭い』メアリ一世のことでしょう。でも陛下の母君が、プロテスタントに対して寛容な態度を示しておられると聞いて、スコットランドに帰国したのです」

ノックスはエディンバラのセント・ジャイルズ教会で会衆を前に、繰り返し熱狂的に毒舌をふるって、いかにカトリックがひどく、恐ろしいものかを主張した。

「カトリックを信じるのは、一万人の外国人軍隊が侵入して全宗教を抑圧しようとすることよりも、もっと恐ろしいことだ」

メアリは堪忍袋の緒を切らし、ノックスをホリルード宮殿に召喚した。

「ノックス、あなたは国民に君主が許すのとは異なる宗教を受け入れるように教え込んでいるのですね。それではどうして、その教えが神のものであるはずがありましょうか。神は国民に、君主に従うように命じているのですから[2]」

「陛下、君主たちこそ、真の宗教について、最も無知な人々だということをご存知ですか」

「それでは、国民はあなたに従うべきであって、私に従うのではないのですね」

「そんなことを言っているのではありません。要は、君主と国民両方に神に服従して欲しい、しかも直接に神の言葉を信じなければならないと言っているのです[3]」

メアリはホリルード宮殿の礼拝所でミサをあげ続け、同時にプロテスタントの市民には、宗教の自由を認めていた。争いが起こらないように、「中道」を行く決意であった。ミサはカトリック信仰の中心となる礼拝で、ラテン語で執り行われる。キリストが十字架に掛けられる前に、弟子たちと一緒に食事をした最後の晩餐を再現するものである。カトリック教徒は、ミサでパンとワインが与えられると、奇跡が起こってキリストの肉と血になると信じた。ところが、プロテスタントがミサを非難したのは、そのような儀式は宗教への人間の介入であって、聖書とは何の関係もないと信じたからであった。

秘書のメイテランドはメアリ女王に意見を述べた。

「陛下、ノックスがカトリックに対してあのように敵対的な態度を取るのには、理由があるのです。彼が尊敬し、影響を受けたプロテスタントの指導者、ウィシャートが、カトリックのビートン枢機卿から、異端の罪をきせられ生きたまま爆破されて死んだ、悲しみと憤りが、身に刺さっているのです。ノックス自身も、フランス軍によって奴隷のようにガレー船を漕がされた屈辱と怒りがあります。それに加えて、メアリ一世によるプロテスタント虐殺のこともあります。さらには、陛下がフランスの力を導入して、プロテスタントを抑圧するのではないかという恐れに取り憑かれているのです」

「でもビートン卿も、プロテスタントたちから無残に虐殺されたそうではありませんか。それに私は、知ってのとおり、中道を行くと決めていて、宗教の自由を認めることにしています。メイテランド、私は本当のところそんな宗教の分裂の話より、もっと興味があるのは、エリザベス女王のお気持ちを知ることです。よろしかったら、イングランド宮廷に出向いて、女王のご意向を聞いてきてくれませんか。私の今一番の関心事は、イングランド王位継承権が受けられるかどうかにあるのです」

権力を手にした者の飽くなき権力への渇望が、彼女の若い血の中に沸き立っていた。またそのようにフランス王ヘンリ二世やギーズ家の叔父たちから繰り返し教え込まれ、体に染み込んでいたのである。

メイテランドはメアリ女王を高く評価し、若いけれど成熟した考え方をすると賞讃していた。ただ帰国前から、この貧しく荒れたほとんど無法地帯のような土地に、野蛮な物欲にまみれた、利己的な貴族のいる場所に、フランス文化で洗練された、心優しい女王が戻って来ては、何かしら暗く、悲劇的なことが起こるのではないかと案じていた。

ともかくもこの秘書の理想は、二人の女王、両国の関係を良好に保つことであった。自らの使命にも合致する、ロンドン行きの責務を進んで遂行した。

「エリザベス女王陛下、懸案の『エディンバラ条約』はメアリ女王に相談もなく、叔父たちが勝手に署名したものであり、女王にとって非常に不利なものとなっております。ですから、批准することはないと信じます」

「おっしゃっていることは理解できますので、両者が優秀な法務官を任命して条約を見直すことにしましょう」

エリザベス女王の反応は、理解を示すまずまずのものであった。

エリザベス一世後継の有力候補は複数あった。処刑されたレイディ・ジェイン・グレイの妹、レイディ・キャサリン・グレイがいた。彼女はヘンリ七世の末娘メアリ・テューダーの孫にあたり、テューダーの血を直接引き継いでいた。しかし彼女はエリザベスの許可なくハートフォード卿と秘かに結婚していて、妊娠が明らかになり、二人はロンドン塔送りになった。彼女の他にヘンリ七世の孫、レノックス伯爵夫人・マーガレットもいた。しかしその中でも、メアリ女王は最有力候補であり、エリザベスもメアリを選びたいと思っていたが、身の安全のこともあり、公然と指名することは避けた。

このような状況だからこそ、メアリはエリザベスに会って、顔を合わせて話し合いたかったのである。かつてスロックモートンに投げ掛けた心情「私たち二人とも同じ血、同じ言語、そして一つの島を分かち持っている」を、姉と妹のように会って、納得し合って、共有したかった。スロックモートンは前にこう書いたことがある。

「思うに、全ての賢明な人々、および女王の良き臣民が望むことは、この二人の女性の一人が異性となって、幸せな結婚をすることです。そうすれば全てがうまくいき、それに二人に関係する人々が一つに結ばれることになるのだから[4]」

メアリとエリザベスの会見に向けて、周囲が動き始めた。この間、二人の女王は手紙を交換し、様々な贈り物もやり取りした。メアリは秘書のメイテランドに話し掛けた。

「今度のプレゼントはね、用意するのに三か月も掛かったのですよ。私のミニテュアの肖像画を、ダイアモンドをあしらったハート形の台にはめ込んだ指輪なのです。そこに私の詩も添えました」

「それは素晴らしい贈り物でしたね。大いに気に入られたことでしょう」

「お返しに、エリザベスからはお礼の手紙にご自分の詩を添えて、美しく輝く指輪も入れてくださっていました。もう嬉しくて、何度も眺めたり、口づけしたりしているのですよ」

少しずつ明るい光が差し始めたようである。この希望の香気が立ち上る気配は、このままずっと留まっていてくれるのだろうか。

メイテランドは再びロンドンに向かった。両女王の会見の最終調整をするためであった。エリザベスの右腕、女王とイングランドを岩となって守ろうとするセシルと、メイテランドは交渉した。セシルは会見をよしとせず、いろいろと理由を付けて実現しないように努めた。

「雨がひどくては、馬車の車輪が回りません。ワインや鳥や肉も足りませんよ」

エリザベスはセシルの意見を退けて、決定を下した。

「場所はヨーク、時は一五六二年八月か九月にします。メアリ女王には百人の従者を付けてもよい、遵守する宗教儀式をそのまま執り行ってもよい。ただし、費用は自己負担でお願いしたい[5]」

いよいよメアリが望みに望んでいた会見が実現しようとしていた。

ところが、エリザベスは決定を下して十日も経たないうちに、会見の延期を申し出た。落胆するメアリに、メイテランドは状況を説明した。

「これは典型的なエリザベスの行動パターンと言ってもよいものです。一つのことを決定するのに多大の時間を掛け、左右に揺れ、なかなか決定しないのです。決定しても、このように覆したり、責任を持って全うしないことも多いのです。メアリ陛下のように、難無く正当にスコットランド人の女王、フランス王妃になられた方とは違います。エリザベスの生い立ちの背景は厳しく、困難を伴いました。カトリック側からすれば、エリザベスは非嫡出子であり、一時イングランドの議会でさえ、彼女を非嫡出子としたのです。異母姉メアリ一世からは、反逆罪でロンドン塔に幽閉されたこともあります。このような背景を持つエリザベスは、そう易々とことを早急に決めて、安心していられる方ではありません。細心の注意を払い、事態を宙ぶらりんにしておいて、自分への損害をできる限り回避しようとするのです。確かに得はしますよ」

「そうだったの。私はフランスに長い間いましたから、イングランドの細かいことまでは知る機会がありませんでした。ともかくも、私の落胆は想像がつくでしょう。あれ程楽しみにしていて、エリザベスからの手紙を何度も何度も読み返しては胸に当て、二人の会見を夢見ていたのですから」

セシルが両女王の会見に反対したのには他にも理由があった。実は、一五六二年三月に、メアリの叔父ギーズ公爵がジョワンヴィユからパリに向かう途中、ヴァシィ村を通りかかった時、数百人もの異端（プロテスタント）が納屋で礼拝をしているのを目撃した。そこに発砲したものだから、二十数名が命を落とし、百人近くの者が負傷する事件が起きた。このプロテスタント弾圧の流れがイングランドにも押し寄せるのではないかと、セシルは案じたのである。程なくして、フランスはカトリック対プロテスタントの宗教戦争に突入した。

メイテランドはメアリに報告した。

「女王陛下、エリザベス女王から知らせが届き、両陛下の会見は、来年五月から八月にかけて、ヨークもしくはメアリ女王が指定される場所で開催するとのご意向です」

「そうですか。中止ではなく、延期なのですね。安心しました。あと一年あるかないかですね。分かりました。それでは、今年の夏はスコットランド北部を巡察しましょう」

メアリがフランスから帰国して早々、僅か数週間しか経っていない時にすでに、国民や土地をしっかり見てみたい、また自分の姿を国民に見てもらいたいという思いで行幸をしていた。リンリスゴウ、スターリング、パース、ダンディ、ファイフと回って、ホリルードに戻って来た。その際は一般市民から賞讃を受け、所々ではプロテスタントから嫌がらせに遭いはしたが、概ね満足のいくものであった。

「メイテランド、今回は北東部ハイランド地方を回る予定で、一つ目的があるのです」

「それは何でしょうか」

「北の一大勢力、ゴードン一族の力を少々抑えた方がよいと、異母兄ジェイムズが助言するのです。一族の当主ジョージ・ゴードンは、熱心なカトリックですが、『中道』をいく私のやり方に不満を持っていて、カトリック蜂起もやりかねないらしいのです」

第四代ハントリ伯爵・ジョージ・ゴードンは「北の大将」と呼ばれるのにふさわしく、政治力、財政力に富み、メアリ・オブ・ギーズ摂政の折には、彼女の最大の支持者であり、大法官に任じられた人物である。同じカトリックとして、メアリ女王とうまくやっていけば、お互いにとって共存共栄の関係となり、計り知れない利益があるはず。しかし少しだけどこかの接点が狂ってしまった。心情的にはメアリとジョージは親しく寄り添えるものだけに、残念としか言い様がない。ジョージは、息子サー・ジョン・ゴードンが勇敢な騎士であり、容姿も優れていて、メアリと結婚させたいとまで思っていた。

女王の一行がインヴァネス城に入ろうとした時のことであった。

「城主の命令でございます。入城は許されません」

「スコットランドの女王がお着きなのですよ。信じられない応対ではないですか」

言い争いになり、とうとう武力衝突に発展した。

一五六二年十月二十八日、アバディーン近郊、コリチーで、「コリチーの戦い」が勃発した。異母兄ジェイムズに率いられた女王軍はゴードン一族に対して激しく戦った。「メアリもジョージの後ろにぴったりと付いて、丘や沼地をものともせずに馬を駆り、秋の荒野を覆う赤褐色に色付いたシダの中を突き進み、誰よりも見事に手綱をさばいた」(6)。遂に落馬して、五十歳近くで肥満気味であった当主ジョージは、脳卒中で突然死んでしまった。

三日後、女王に心を寄せていた息子のサー・ジョンは、女王の目の前で処刑されたが、死ぬ直前にこう言い残した。

「女王陛下が臨席してくださっていることが慰めです。陛下への愛故に苦しむところだったのですから」

女王は一日中部屋に閉じ籠もって泣き崩れた。

ゴードン一族を攻撃しはしたが、心の奥ではカトリックの同志という気持があり、心ならずも異母兄の助言に従ったことに対する心の痛み、判断を誤ったという後悔の念にさいなまれた。

それから七か月後、一五六三年五月、メイテランドはメアリに報告した。

「ご存知とは思いますが、ジョージ・ゴードンは『生きていても、死んでいても(デッド・オア・アライヴ)』という法律条項に従い、死体の状態でエディンバラの議会に運ばれてきました。有罪判決を受け、全ての土地、財産、称号が剥奪されることになりましたね」

「本当に、残念な、取り返しのつかないことになってしまいましたね。無念としか言えない出来事でした」

結果は、スコットランドのカトリック勢力が大きく削がれることになったのである。

今回の行幸中に、もう一つ悲しい出来事があった。メアリ帰国の際に、フランスからの一行と共にスコットランド入りしていた、家柄の良い魅力的な詩人、シャテラールがいた。彼は若くて美しい女王メアリに魅了され、女王に捧げる詩を数多く書いた。メアリはフランス宮廷での生活に慣れており、甘美な愛の言葉を受けたり、讃美されたりすることは特別のことではなく、そのようなものとして楽しんだ。

「シャテラール、今回の旅に同行しているのですね。いつも忠実に仕えてくれて嬉しく思います」

「いえ、女王陛下、こちらこそいつも厚遇していただいて、心からありがたく思っております」

メアリの生来の優しさと温かさで、彼にも寛大に馬やお金を与えて、親しく迎え入れていた。ある晩、彼は女王の寝室に入って、ベッドの下に隠れているところを女官が見つけ追い出した。それにも懲りずに、彼はセント・アンドルーズまで付いて来て、今度は夜、メアリと女官だけの部屋に飛び込んで来た。女王は大声を上げ、助けを求めた。

シャテラールはセント・アンドルーズの牢獄に入れられ、裁判に掛けられて四か月後の翌年二月に処刑された。その前に女王に捧げる詩を書いた。

「不死の女神よ／私の詩に耳を貸し給え／私を虜にし、私の意志を思うがまゝに従わせるあなた／だから、もしや私の命がその盛りで切り落とされることがあるとしたら／あなたの残酷さ故に、私があなたの美しさを愛するが故に、死ぬのだとしたら／少なくとも公にして欲しい／この身を焼く情熱も、身を包むその炎も、あなたの心を情愛へと動かすことはない」

シャテラールは最後にこう付け加えた。

「さようなら、世界で最も美しく、最も残酷な女王様(7)」

メアリには何か人の心をロマンティックにさせ、情熱的にさせ、恋こがらせて止まない魔力とでも言うべき魅力があった。何人もの男性が、この魔力の犠牲となった。

メアリは生きていることをとことん楽しんだ。「美と若さと明るさ」といったヘレニズム的なものをまとって、文芸も音楽もダンスもスポーツも皆楽しんだ。ジョン・ノックスの暗く、禁欲的な新教主義的生き方と全く対照的に、明るく、華やかに生を享受した。

女官が女王に報告した。

「女王様、フランスから荷物が届きました。数え切れないくらいたくさんのゴブラン織りの壁掛け、ペルシャ絨毯、ヴェルヴェットのクッション、天蓋用の、美しい深紅のサテン布地等が入っております」

「ああ、着きましたか。これで美の豊穣が日々の暮らしに入ってきますね」

ホリルード宮殿は色鮮やかな室内装飾でやっと明るくなり、フランス宮廷の香りが持ち込まれた。

「これからはもっと文化を楽しみましょう。詩の朗読もするつもりです。文芸の才豊かなジョージ・ブキャナンに仮面劇の脚本を書いてもらうのです」

スコットランドの宮廷には、詩や歌、音楽が流れ、豊かな色彩が溢れ、心高鳴る音が流れた。エピキュロス的に「今」を掴み取って、その瞬間を最大限に拡大することが上手な女王であった。またそのことがぴったりと身に付いていた。

さて不思議にも、「コリチーの戦い」の日に、メアリはエリザベスからの手紙を受け取っていた。そこにはエリザベスがフランスのプロテスタント側に軍隊と資金を送ったが、メアリに気を悪くして欲しくない、メアリと決裂したくない旨が記されていた。メアリとしては、フランスの宗教戦争では中立を保ち、何としてもエリザベスの後継者として、イングランド王座を確約してもらいたいという願いの方が優先していた。

セシルの方は、フランスのカトリック勢力を恐れ、強力なギーズ家が陰謀を企てるのではないかと恐れていた。しかも、メアリがヨーロッパに夫捜しの目を向ければ、イングランド王位継承権をめぐる模索が、財産となるのは容易に想像がつく。セシルはメアリにイングランドの王座を邪魔させない、後継にもさせないと決意していた。いつも目を光らせ、耳をそばだたせて、メアリを陥れるためのどんな小さな落ち度、欠点も見逃さないつもりでいた。ノックスと同じように、セシルにとってメアリは不倶戴天の敵であった。

一五六三年に入って、メアリは権力構造を少し修正した。異母兄ジェイムズには二年前にモレイ伯爵位を授与し、女王の後押しを期待した。しかしモレイが「コリチーの戦い」を率い、結局カトリック勢力を削ぐことになり、助言の「中道」をいくのも機能していないと気付き始めた。メアリはメイテランドにより信頼を置くようになり、好ましくないながらモートン伯爵を、亡くなったハントリ伯爵の後継の大法官に任命した。

再び、メイテランドはメアリとドン・カルロスとの結婚に向けて動き出していた。メアリも関心があるのはドン・カルロスだけであった。そんな中、驚愕の訃報が入った。

「女王陛下、衝撃を受けられませんように、ご覚悟なさってください。ギーズ公爵が暗殺されたそうです。犯人はプロテスタントで、一年前の報復と見られております。フランスは宗教戦争の真っ只中です」

「何ということでしょう。今直ぐには信じ難いことです。叔父は私を教育し、支えてくださった代え難いお方です。叔母のアンヌはどれ程の悲痛に沈んでおられることでしょう。あまりにも辛過ぎます。悲しみを振り払うために、フォークランド宮殿に出掛けることにします」

メアリは、鷹狩り、狩猟をして体を動かし、この悲しさを紛らそうとした。それでも思い出が次から次に現われて、悲しみを払うことは容易ではなかった。

メアリが大陸の権力を持つ方に向かって、結婚相手を求めているという噂が、セシル、即ちエリザベスの元に入って来た。ノックスも嗅ぎ付けていた。スコットランドと大陸が手を組めば、大陸はイングランド攻撃に際して、スコットランドを裏口として利用することは明らかである。カトリック勢力がかくして結び付いて力を増大すれば、イングランドは危うくなる可能性が強い。

第五章　激情の支配

　一五六三年九月、イングランド大使、ランドルフは、エリザベスのメッセージを携えて、クレイグミラー城に休養中のメアリ女王を訪ねた。プレストン家所有で、フォース川を望むこの城は、メアリのお気に入りの場所であった。

「オーストリアの大公であれ誰であれ、メアリ女王がヨーロッパ貴族の誰かと結婚するのであれば、イングランドとの友好関係は終わる」旨のものであった。メアリはメイテランドに問い掛けた。

「あなたはどうお思いになる？　私はね、独立した一国の女王に対して、このように結婚相手を指図するのは無礼であり、威圧的であると思うの。でも、仕方がないわね。どうしてもイングランドの王位継承権を確約してもらわなければならないのだから、しばらくはイングランド側の要請に耳を傾けていましょう」

　とは言っても、メアリはそう簡単に相手の指図に従う程、弱い意志の持ち主ではなかった。今までは周囲と調和を取りながら、異母兄モレイやメイテランドの助言を受け入れ慎重に行動してきた。メアリの名声は高まり、どの方面からも、セシルとノックスは別として、敬意と愛情を示され誉れ高い女王となっていた。

ちょっと変な声も聞こえてきた。メイテランドがメアリの耳に入れたのである。

「女王陛下、私はエリザベスの口から、ロバート・ダドリを陛下の結婚相手として考えていると聞いたのです」

「何ですって！　とんでもないことです。ダドリには王家の血一滴も流れておりません。それに父親のノーサンバランド公爵は、エドワード六世亡き後、プロテスタントのレイディ・ジェイン・グレイを後継の女王に擁立して、カトリックのメアリ・テューダーと対立したため、反逆罪で斬首になったと聞いております。何よりも、ダドリはエリザベスの恋人として知れ渡っている人物なのですよ」

ノックスはメアリがドン・カルロスとの結婚交渉を行っていることを耳にすると、またいつものように説教壇から彼女に対する罵声を投げ掛けた。それで彼をホリルード宮殿に召喚して、今度はメアリが怒りを投げつけた。

「私の結婚とあなたと、何の関係があるのでしょう。あなたはこの国で何者なのでしょう」

メアリは我慢ができなくなって、大声を上げ、泣いてしまった。過去に君主がこれ程までに容赦なく非難されたことはなかったし、君主に対して礼儀もわきまえず、自分と対等に扱い、しかも道徳的には劣った者として扱ったことに、メアリは憤りを抑えることができなかった。

イングランドでは、一五六四年三月にランドルフはロバート・ダドリ卿が、イングランドの貴族の中でメアリの結婚相手に最もふさわしい相手と正式に発表した。メアリは自分の耳を疑った。あり得ないことだと憤慨した。メイテランドはメアリにことの背景を説明した。

「エリザベスはこの企てを半分本気で考えているようです。と申しますのも、陛下がダドリと結婚されれば、エリザベスは自分の王座を脅かされることも、恐怖感に襲われることもなくなります。恋人だったダドリは、プロテスタントであり、信用が置けるし、エリザベスに都合のいいようにことを運んでくれると信じているのです」

メイテランドは続けた。

「実はダドリにはエイミ・ロブサートという妻がいたのですが、一五六〇年九月にオックスフォードの自宅の階段の下で死んでいるのが見つかったのです。当時様々な憶測を呼びました。エリザベスはダドリを愛しており、結婚するなら彼と、と思っていたらしいのですが、この不穏な事態に巻き込まれるのは危険であると判断したようです」

エリザベスは同年、きっぱりと独身宣言をした。自分は処女として死ぬ、そしてイングランドという国に一生を捧げる決意を公表したのである。イングランドの安泰、イングランドが世界に向かって発展することが、公のエリザベスにとって、全てとなった。とは言っても、私人としての女王の感情は複雑で、一筋縄でいくものではなかった。

イングランド側は、メアリの結婚相手にもう一人可能な若いイングランド人の貴族を考えていた。ダーンリ卿・ヘンリ・ステュアートである。ダーンリの父レノックス伯爵はスコットランド人であるが、問題を起こしてイングランドへ追放になり、長い間イングランドで暮らしていた。ダーンリの母は、レノックス伯爵夫人・マーガレット・ダグラスで、ロンドン塔から釈放されたばかりであった。レノックス伯爵をスコットランドに戻そうと、エリザベスは企んでいた。この父に伴って息子ダーンリがスコットランドに行けば、メアリの求婚者になるかもしれなかったからである。全ては、メアリを大陸の求婚者と結婚させないための企てであった。エリザベスは一五六三年にレノックスの通行許可証を発行するようメアリに要請し、翌年四月に発行された。

一方メアリは、イングランドへ特使を派遣しようとしていた。

「サー・ジェイムズ・メルヴィル、私はあなたを誰にも増して信頼しております。あなたはスコットランド、イングランド、ヨーロッパで豊かな経験を積んだ宮廷人ですから、頼みがあるのです。イングランドの宮廷に出向いてもらいたいのです。目的は二つあります。エリザベスとの関係が思わしくない方へ傾いているので、私たちの関係修復が一つ。もう一つは、ダーンリを北へ送ってもらうようレノックス夫人に取り計らってもらうことです」

「承知いたしました。すぐ準備に掛かります」

ドン・カルロスとの結婚話が暗礁に乗り上げている今では、メアリはダーンリを可能な夫として検討し始めていたのである。

一五六四年七月、メルヴィルはロンドンに着き、ウェストミンスター宮殿の近くに宿を取っていた。翌朝八時に宮殿の庭で、女王に謁見した。エリザベス女王はまずメルヴィルに切り出した。

「ランドルフに依頼していたメアリ女王とロバート・ダドリとの結婚話は、どうなっているのでしょうか」

メルヴィルはメアリから指示されていたとおりに答えた。

「メアリ女王はまだ、その件についてはほとんど思いを致しておられません。両国の安寧にとっても、両女王にとっても、大変大切なことですので、モレイとメイテランドが国境地方担当長官と会談をすることになっております(8)」

エリザベスは説明するように言った。

「私はダドリを兄とも親友とも思っておりますのよ。自分も結婚する気があれば、あの方としたでしょう。でも、私は一生独身でいることを決意しました。ですから妹の女王に、彼と結婚して欲しいと願っているのです」

エリザベスは、ダドリのことをもっとメルヴィルの意識の中に入れてもらいたかったし、ダドリを少しでもメアリ女王にふさわしい相手にしたかった。

「メルヴィル、私はダドリをレスター伯爵、テンビ男爵に叙する予定です。どうかそれまでロンドンに留まっていてもらいたいのです」

実際、ウェストミンスター宮殿で厳かに叙位式が取り行われた。ダドリは女王の前に跪き、厳粛に慎ましやかに振る舞った。しかし、エリザベスは彼の首に手を入れて、笑いながらくすぐるのであった。フランス大使もメルヴィルも傍に立っていたのだが。

この儀式に血筋が最も近い貴公子として剣を持つ栄誉を得たのが、ダーンリであった。エリザベスはメルヴィルに、ダドリのことをどう思うかと尋ねるやいなや、ダーンリの方を指差した。

「でも、あちらにいるひょろひょろと背の高い若者の方がお好きなのでしょう」

メルヴィルはエリザベスに、ダーンリのことが気に入ったとか、目を向けているとか、そちらの方向で取引しよう等と思って欲しくなかった。

「活気のある女性は、誰もあのような人を選んだりはしないでしょう。男性というよりは、女性的な感じのする人です。とても見目良く、つるつると髭もなく、女性のような顔をしているのですから」

ただメルヴィルにはメアリ女王に依頼された義務、つまりレイディ・レノックスに、ダーンリがスコットランドに行けるように取り計らってもらうことがあった。それは渡りに船で、レノックス夫人も息子をメアリと会わせることで、結婚へ、王位へと繋がっていくのが長年の夢であった。

しかしエリザベスは断固として、メアリとレスター伯爵(ダドリ)の結婚を決めたいと願っていた。その実現に向けて代理人を国境のベリックへ送る予定であった。それを心に置いて、エリザベスはメルヴィル滞在中の九日間、頻繁に彼と会った。彼はまず、メアリ女王が一番気をもんでいる王位継承権問題を取り上げた。

「女王陛下、メアリ女王は王位継承権の確約がだらだらと延ばされていることに、不安を覚えておられます」

「ああ、そうでしたら言っておきますが、その宣言は、ひとえにメアリ女王の振る舞いにかかっておりますよ。私の提案した結婚話を快く受け入れてくだされば、それ次第で話を前に急いで進めるつもりです」

王位継承権は重大なことなので、イングランドの最高の法律家たちを任命して、誰が一番権利を有しているのかを調べてもらっていると、エリザベスは説明した。

女王はメルヴィルを自分の寝室に連れて行き、小さな机を開けた。そこには紙に包まれた様々な肖像画があり、紙には直筆で名前が書かれていた。メアリの肖像画が見たいからとそこに行ったはずなのに、手に取った最初のものには「我が君の肖像画」と書かれていて、レスターのものであった。

「女王陛下、その肖像画をメアリ女王に持って帰りましょうか」

「それはできません。あの方の肖像画は、これ一枚しかないのですから。代わりに、ダイアモンドの指輪をお土産にしてもらいましょう」

エリザベスはドレスをたくさん所有していて、この特使滞在中には、毎日着替えて見せた。女王の髪は、金色というよりは赤みがかっていた。

「私の髪とメアリ女王の髪とでは、どちらの色の方がいい？」

「私とメアリ女王とではどちらの方が美しいと思う？」

と熱心に答えをせがまれた。

「エリザベス女王がイングランドで最も美しく、メアリ女王はスコットランドで一番美しいと思います」

そうメルヴィルが答えると、女王は更に問うのであった。

「どちらの方が肌の色が白い？」

「どちらの方が背が高い？」

メルヴィルはメアリ女王の方が高いと答えた。

「メアリ女王は背が高すぎるわ。私は高すぎもせず、低すぎもせずよ」

「メアリ女王はどんな運動をなさるの？」

「私がスコットランドからロンドンに派遣される時、女王はハイランド地方での狩猟から戻られたばかりでした。乗馬が飛び切りお好きで、狩猟もお上手です」

メルヴィルはさらに付け加えた。

「メアリ女王は国事から離れる暇がおありの時は、良書を読まれ、様々な国の歴史を調べておられます。時にはリュートやヴァージナルを弾いたりもされます」

するとエリザベスは上手かどうか尋ねた。エリザベスがヴァージナルを見事に演奏するのを、メルヴィルは陰から見ていた。エリザベスはダンスの腕前も披露してくれた。また女王は尋ねる。

「どちらの方が上手かしら?」

そろそろスコットランドに帰国しなければならない。予定よりも二日も延びていた。翌日レスターが、ハンプトン・コートから御座船でテムズ川をロンドンまで一緒に上って欲しいと言ってきた。レスターは親しげにメルヴィルに話し掛けた。

「あなたの女王様は、私のことをどう思っておられるのでしょうか?」

メルヴィルはメアリに命じられていたとおりその件には立ち入らなかった。するとレスターは本当の自分の胸の内を打ち明けてくれた。

「あのように偉大な女王と結婚する等と尊大にも見せかけたのには、経緯があるのです。私自らは女王の靴一つ拭う価値もないと思っているのです。あの結婚話を提案したのは、私の秘かな敵であるセシルだったのですよ」

さらにレスターは続けた。

「もし私があの結婚を望んでいると思われているとしたら、両女王のご好意を失ってしまうことになっていたでしょう。どうかメアリ女王に許してくださるよう、お伝え願います」

メルヴィルはロンドンに着くと正餐に招かれ、その後フランス、スペイン両大使に別れを告げた。彼はレスターからモレイ宛ての手紙、セシルからの信任状、エリザベスからの親書等を受け取った。レイディ・レノックスは、メアリにはダイアモンドの指輪を、夫にはエメラルド、モレイにもメイテランドにも、宝石の贈り物をメルヴィルに託した。この時の贈り物の中で、今に語り伝えられているものがある。それはあの有名な「レノックスの宝石」で、そこには夫人の思いが込められていた(この宝石は現在、エディンバラにあるホリルード宮殿の応接間に展示されている)。

「レノックスの宝石」には、「不断に堪え忍んで希望を持つ者は、そう主張するものへの勝利を手にする」というモットーがはめ込まれている。(9) この宝石の持つ意味への解釈は分かれているが、宝石の中心部を成す羽根の付いたハートは、きっとメアリとダーンリ二人の夢が叶うようにとの願いを込めたものと読むのが、状況に叶っているように思われる。

メルヴィルは、メアリ女王が滞在中のエディンバラ城に戻ってきて、帰国の報告をした。スペイン大使からは、王およびドン・カルロスからよろしく伝えて欲しい旨の伝言を受けていた。ただ、ドン・カルロスは王との間がうまくいっておらず、それが解決するまで結婚話は進まないとのことであった。もうドン・カルロスに見切りを付ける時が来ていた。

「メルヴィル、お疲れ様でした。お話を聞いていて、何か事態が良い方向に動き出している気がします。それにイングランド宮廷のお話も色々と聞けて、そこに繋がっていけるような気にもなりましたよ」

メアリは出来事を事細かに報告してもらった後に、尋ねた。

「メルヴィル、エリザベス女王は外面的には優しい言葉であれこれと表現していらっしゃいますが、心の内でも同じように私に対して真心からそう思っておられるかしら?」

「私の判断では、晴朗明快な取引も、高潔な意図等も全くなく、あるのは偽装、対抗心、そして恐怖心――それはメアリ女王陛下の見事な裁量によってエリザベス女王が追い詰められ、王国から追放されるかもしれないという不安ーだけです」

誠実、正直一直線のメルヴィルの眼力は鋭く、ことの深層に潜む真実を、本能的な直感で掴んでいた。表層の華美な飾りで、陰の真実を見落とす失敗はなかった。

「その証拠に、エリザベス女王はすでにオーストリアのチャールズ大公との結婚も妨げ、今度は、メアリ女王陛下がとても嫌がっておられるレスター伯爵との結婚を進めようとしているのですから、真の誠意等ないと思います」

メアリは彼に手を差し出して、きっぱりと言い放った。

「あの新しく伯爵になられた方とは、決して結婚しません！」

レスターがメルヴィルに預けたモレイへの手紙は、非常に深慮した賢明なものだったので、メアリにはレスターがとても好ましく思えた。

すると今度はエリザベスが、もしかしたらメアリとレスターとの結婚が現実のものになるかもしれないと心配し始めたのである。その結果、ダーンリのスコットランドへの通行許可証が、セシルの計らいで早く発行されることになった。

この時期のメアリは女王然としていて、その栄誉にふさわしく、思慮深い振る舞いで名声は高まり、大陸にまで轟いていた。人生の終わりまで、王冠を戴く者の名誉と責務を完遂したいと思ったからこそ、メルヴィルに手助けして欲しい、助言して欲しいと要望したのである。女王は仲間には最上の質を持った人、会話のできる人以外にはいて欲しくなかった。男であろうと女であろうと、悪徳や悪意のある人を嫌悪したのである。メルヴィルはそのような依頼を最初は断った。

「女王陛下は徳の備わった振る舞いをなさるし、生来の判断力をお持ちです。それに何よりフランス宮廷で多くの王族たちの間にいらして、並々ならぬ経験を積んでこられました。学問に傾倒され、全ての国民や従者たちのお手本となっていらっしゃるのですから」

「それでも、私は色々と間違いを犯してきたことが分かっています。それはひとえに愛情のある友人たちの助言や戒めがなかったことに依っているのです」

事実宮廷人の多くは好意を得ようと褒めはするが、好意を失うのを恐れて、本当のことを言わない。だからメルヴィルに是非そうして欲しいと懇願したのである。女王はメルヴィルに絶大な信頼を置き、全ての緊急事項も内密に伝え、外国からの書簡も含めて全てを見せ、外国との交渉にも当たらせた。

いよいよダーンリは一五六五年二月の初め、スコットランドに父を訪ねる通行許可証を受け取った。元々はエリザベス側が、メアリに大陸の王子との結婚を妨げる目的で仕組んだものである。その中心にいたのは、セシルとレスターであった。

ダーンリは確かに「ひょろひょろと背が高く」、「髭もなくつるつるとして」女性的な程に洗練されていて、都会風で、とてもハンサムであった。血統と言えば、ヘンリ七世の曽孫で、母からテューダー王家の血を直接引き、父からはステュアート王家の血を引き、イングランドで生まれ、カトリックとして育てられていた。メアリがダーンリと結婚すれば、彼女のイングランドの王座継承権は一段と強力なものとなる。

一五六五年二月十七日、土曜日、ダーンリはいよいよスコットランドの地に足を踏み入れた。ファイフの小さな沿岸の村、ウィームズにある豪族の館に滞在中のメアリを訪ねた。彼女はファイフを行幸中であった。メアリは一目でダーンリが気に入った。

「ああ何と素敵な方でしょう。今まで見た中で最も器量が良く、最も均整のとれた方、それに背も高くていらっしゃいます」

後で女王はこうメルヴィルに伝えた。確かにダーンリは紳士にふさわしい教養を身に着けていて、乗馬、狩猟もしたし、ダンスやリュートもできた。外面的には洗練されていて、メアリに好印象を与えた。

ダーンリは父の所に宿泊した後、メアリと一緒に渡し船でフォース湾を渡った。エディンバラでモレイとイングランド大使、ランドルフと食事を共にし、ホリルード宮殿に向かった。そこで二十二歳のメアリと十九歳のダーンリは踊った。[10] 女官たちは、二人の踊る姿が美しくて溜息をついた。

「お二人とも細く、長身で、美しく、まるで宮殿にヴィーナスとアドニスが突然降り立ったみたいね」

本当に甘美な雰囲気を醸し出した。特にフランス宮廷で仕込まれたメアリのダンスは、花が風に揺れるように優美であった。

翌三月、スコットランドの天候はライオンが荒れ狂うように猛吹雪となり、霜も降り、道路も閉鎖されてしまった。スコットランド駐在イングランド大使、ランドルフはセシルに報告した。

「スコットランド宮廷は皆が、身動きが取れなくなったダーンリを進んでもてなし、次々と贅沢な宴、仮面劇等を催しています。彼は文武両道に秀でた貴族よろしく、文句のつけようのない振る舞いをし、多くの人たちから賞讃されています」

一方三月中旬に、大使ランドルフはメアリに告げた。

「女王陛下、懸案のレスター伯爵との結婚に関してですが、この結婚によって、陛下がエリザベス女王の後継者としての権利を得ることはないとのことです」

「ランドルフ、話が違いますね。あなたの女王は、私の結婚に対して拒否権を発動され、女王の勧めに従ってレスター伯爵と結婚すれば、王位継承権を認めてくださるというのが大前提のはずだったでしょう」

もはやエリザベスを信じることも、頼ることもできないとメアリは自分に言い聞かせた。自分の中で何かが大きく変わっていった。

四月に入って、メアリの心に劇的な変化が起こる出来事があった。それはダーンリが病気になってしまったことである。始まりは風邪であったが、しばらくするとはしかの症状が現われて、苦しみ始めた。彼はスターリング城の部屋に隔離される以外にない状態に陥った。それでメアリは度々出向いて看病した。心優しい女王は、過去にも義父ヘンリ二世、フランシス二世を献身的に看病した。しかし今度の看病は、過去のものとは違って、メアリの人生を大きく変えることとなったのである。

「ダーンリ、辛いでしょう、苦しいでしょう。私ができることは何でもします。遠慮なく仰って。ご自分の家からこんなに遠く離れた所でひどい目に遭われて、本当にお気の毒でなりません」

「メアリ、ご迷惑をお掛けして申し訳なく思います。でも身体が思うように動かないのです。お許し下さい」

「何も心配なさることはありません。ここで完全に良くなられるまで、ゆっくり療養なさってください」

このハンサムな若者のすぐ近くにいて看病しながら、愛しく思う気持が芽生え、すぐにそれが今まで感じたこともない激しく燃える恋情に変わったのである。この炎はもう誰も消すことができない程、燃え盛っていた。

子供の時から始まって今まで、一にも二にも女王であることを意識して、義務を最優先にして生きてきた。大使スロックモートンも、フランスでのメアリ女王の生きる姿勢に感銘を受け、エリザベスもこのようであってくれたらと望んだ程である。フランス王太子との結婚は、二人ともまだ若く、幼友達のような関係であった。だから今、女王としての義務感を飛び越えて、一人の若い女性としての感情が堰を切って激しく流れ出したのである。

結婚は政治や権力闘争の手段であり、両親も亡くし、ギーズ家ももはや頼れず、岩となって支えてくれる政治力のある貴族も見つからず、メアリは崖っぷちに立たされている時であった。正にそのタイミングで、女王の前に現われた若くて、ハンサムで、血筋の正しい男性にもう存在の全てを投げ出したのである。今までに経験したこともない、激しい感情が心の内から湧き上がってきて、ダーンリのこと以外何も考えられなくなってしまった。女王という制約も忘れてしまい、沸き立った激情の渦の中に呑み込まれ、何も見えなくなってしまった。

この恋は、女王の人生にとって、決定的瞬間であった。何か彼方にある黒い闇の方へ引き寄せられていく最初の一歩となるものであった。もう宿命としか言いようのないものであった。

イングランドでは、メアリとダーンリとの結婚が現実のものとなりつつあることを察知して焦り、憤り、慌てた。エリザベスの心が騒いだ。

「セシル、大変なことになっています。一刻も早く、スロックモートンをスコットランドに遣って、すぐにこの結婚を取り止めさせるのです」

スロックモートンは急いでスコットランドへ向かった。

しかし、あれこれと説得しようと努めはしたが、何の効果もなかった。メアリ女王の気持は固まっていて、あの燃え盛る炎を消すことはいかなるものをもってしても不可能であった。エリザベス女王は怒り、セシルに命令した。

「ダーンリにすぐ帰国するよう命じるのです。さもなければ、母親のレイディ・レノックスはロンドン塔送りです」

イングランド側は、メアリとダーンリの結婚がエリザベスの王座を危うくするのではないか、二人のカトリックの結合で、カトリック勢力がイングランドでも広まるのではないかと危惧したのである。

二従姉妹同士の信頼も、温情も、瓦解してしまった今では、メアリは自分の気持に忠実でいるしかなかった。ある意味メアリらしく、一直線に突き進んだのである。自分自身だけを頼りにして。

一五六五年七月二十九日、日曜日、早朝にホリルード宮殿の王家礼拝所で、カトリックの儀式に則って、メアリ女王とダーンリは結婚した。メアリは最初の夫フランシス二世崩御の際に着た白い喪服をまとった。いくらフランスの王大后であることを示す必要があったとしても、喪服で第二の結婚式に臨むのは、何か不吉な予感がする。ダーンリがメアリの指に三つの指輪をはめてくれた。その一つはダイアモンドと赤の七宝が施されたものであった。その後のミサには、メアリ一人で出席し、ダーンリは部屋に戻って行った。

式が終わると部屋に戻り、メアリ女王は白いヴェールとガウンを脱ぎ捨てて、侍従や女官たちに、息を弾ませて言った。

「さあ皆さん、舞踏会に出ましょう。終わった後は、祝宴があります。思い切り楽しみましょう」

「女王陛下、私たちがこのように明るく、愉楽を極めておりますと、あの禁欲的なノックスの不興をかうかもしれませんね。あの方は楽しむことは罪と思っているのですから」

「ここにいたら、きっと怒鳴り立てたことでしょう。でも神は美しいもの、喜ばしいものをお創りになりました。楽しむこと、喜ぶことを良しとなされるのです。ですからこのような時には、思う存分心を解き放って喜び合いましょう」

ダーンリは結婚に先立って、女王からロソ伯爵に、後にオールバニ公爵に叙された。結婚式の翌日には、伝令官はダーンリがスコットランド王となったことを公に宣言した。王と女王が同位で、国を治めることにした。手紙や文書、布告等には「ヘンリ、マリー、スコットランド王、女王」と署名することも公にされた。女王は「マリー」(Marie)とフランス式の名を使った。

メアリにとってダーンリの出現は、閉ざされた暗闇の中に突然射した一条のまばゆいばかりの光線で、一瞬のうちに打たれてしまったのである。夢中になり、陶酔していて、事実の裏側は何も目に入らなかった。確かにダーンリの外見は魅力的であったし、初めのうちは非の打ち所のない程礼儀正しく振る舞った。しかしメッキが剥がれるのも早かった。すでに貧弱な内面が露呈し始めていた。最初から結婚に反対していた女王の異母兄モレイは、口はばからずに言った。

「王は自信過剰で、傲慢に過ぎ、したい放題ではないか」

ダーンリは自分の気持を満足させない知らせを受けると、その伝令官に平気で暴力を振るった。

エディンバラの街に出掛けて飲んだくれ、宮廷内の女性と関係を持ち始めたりと、全くの自堕落な行動を取り始めていた。女王は言わずにはいられなかった。

「ダーンリは短気で、野心に満ち、むっつりとして、猜疑心が強く、怒りっぽいわ。王であるという野望に動かされるくせに、王である任務には怠惰過ぎるの」(11)

メアリはあまりにも猛スピードで結婚に突進したため、外見よりももっと大切な内面の特質にまで心を向ける余裕がなかった。ダーンリは虚栄心ばかりが人並み外れて強く、精神力、自己の核となる盤石な意志は持っていなかった。メアリ自身の言葉を使えば、簡単に「溶けてしまう蝋燭」のように頼りない存在であった。それに対して、メアリは大きな温かい懐で、普通の人、貧しい人、またプロテスタントの貴族であろうと、包み込み、慈しみ、与え、許すことができた。柔らかく温かい彼女の中には、頑として動じることのない鉄の柱が立っていたのである。

あれ程情熱を燃やして夢中になった女王も、夫の真の姿を陽の下で目にし、現実を知ると、もはや愛は冷めてしまった。やがて心の拠り所をイタリア人の秘書に求めるようになり、気持は夫からどんどんと離れていった。

この結婚はイングランド側が仕掛けたにもかかわらず、実際にことが起こると、イングランド側は猛烈に反対した。またスコットランド側でも、女王の結婚に異を唱える貴族たちがいた。その筆頭が、モレイであった。この結婚によって自分の立場が危うくなることももちろんであるが、彼はプロテスタントであり、二人のカトリックの結び付きによって、カトリック勢力がいっそう強まることを危惧するのであった。モレイが、メアリの摂政であったメアリ・オブ・ギーズに敵対する、「新教徒貴族連合」の指導的立場にあったことは、我々の記憶に新しい。

　モレイはセシルに願い出た。

「私は、プロテスタントのイングランドと組んで、何としてもこの結婚を壊したいと考えているのです。二つ大義がありまして、一つはスコットランドのプロテスタントを擁護すること、もう一つはメアリとダーンリの結婚に反対することです。この大義の下に、どうかエリザベス女王に援助金を出してくださるよう要請したいのです」

　エリザベスは、ランドルフ大使に連絡を取った。

「大使、どうもメアリ女王はモレイと仲違いし、女王支持の貴族と、モレイが率いる貴族との分裂を起こしているようですね。これを是正するように努めて欲しいのです」

　大使がメアリ女王にその旨を伝えると、メアリは堂々と自分の意見を述べ、頑としてそのような忠告に耳を傾ける気など微塵も見せなかった。

「女王という者は、他の君主に説明したりせずに、結婚する権利があるのです。姉が彼女の王国でどのような秩序で国を治めているのかを問うのは、私の習わしではありません。また、隣国の内部事情に干渉することも、君主の習わしとは思いません。君主という者は、神に直に服従するのであって、自らの考えや行いの説明を、神以外の何者にも負うものではありません。エリザベス女王ご自身程、このことをお分かりの方はいないはず[12]」

メアリがエリザベスにお伺いを立てたり、聞く耳を持ったりしようとする気持は、もうすでに遠い彼方に飛んでいってしまった。自分の心の声に従って、毅然と発言し、実行した。自分を、自分自身が主人となって動かしているという自信、決断力、判断力を獲得していた。若く美しい女王の自信と、そこから生じる女王としての輝きを最高に発していた時である。

スコットランドの反逆貴族たちが、エリザベスに資金供与の依頼をしたことが、メアリの耳に入った。行動力があり、衝動的に実行に移す傾向があるメアリは、すぐに反逆貴族たちに対してその悪徳を穿つ声明を出した。

モレイとその仲間はついにメアリ女王に反旗を翻した。一五六五年八月二十六日のことである。メアリは首尾良く兵士を召集し、その数は一万人近くに達した。その先頭に立って、武装したメアリは鞍のケースにピストルを入れ、頭はヘルメットで覆い、エディンバラ城を出発した。夫のダーンリも金属の胸当てをして、女王の横に付いていた。メアリの雄姿は市民の目を奪った。

「モレイの裏切りには、我慢がならない。さあ皆の者、私にしっかりと付いてくるのです。怒りが私を追い立てる。さあ容赦なくモレイたちを追い詰めてやるのです」

「さあ女王陛下に従って進軍するぞ！」

モレイ側の兵力は、女王側のそれとは比べものにならない程弱く、メアリは敵の後方から追う形を取り、徹底的にあちこちと追い駆け回った。それでモレイたちの反乱は、「チェイス・アバウト・レイド」（追い駆け回す襲撃）と呼ばれることになった。モレイは公権喪失し、家も土地も取り押さえられ、イングランドに逃亡する身となり下がった。メアリの勇気と行動力は見事という他なかった。

メアリは自らに言い聞かせた。

「臣下の者たちの助けを得て、このように反逆貴族の襲撃に勝利することができた。ダーンリには不満はあるけれど、自分の意志を通して結婚したのだから、自分の判断、決定を全うするしかない、全力を尽くして統治するしかない」

第六章　腹心の秘書

ホリルード宮殿では、よく音楽が奏でられた。メアリ女王の寝室に繋がっていて、少し奥まった所が小部屋になっている。女王は、そこで夕食を取ったり、詩の朗読、歌、楽器演奏等を楽しんだりした。女官や侍従による声楽の三つのパートはそろっていたが、バスのパートが欠けていた。その穴埋めに、北イタリア、ピエモンテ州出身のデイヴィッド・リッチオが女王に薦められた。

リッチオはフランス、サヴォイの大使に同行してスコットランドに来て、大使がフランスに帰国した後もここに残り、女王の個人的な秘書として仕えることになった。女王は彼を信用し始め、だんだんと大きな信頼を置くようになっていった。彼は音楽の才があり、文芸の才も現わし始めると、女王は他の女官や侍従たちと共に、リッチオと一緒にいる時間を楽しむようになり、重要な仕事も任せるようになった。女王が署名するべきところを、彼が全て署名する程大きな存在になっていったのである。しかもダーンリは狩猟に出掛けたり、エディンバラの街で飲んだくれたりして、宮殿を留守にすることが多くなっていた。すでに女王とダーンリの間に亀裂が入っていればなおのこと、女王にとってリッチオは大事な存在となっていった。ただし、恋愛感情というようなものではなく、女王の心の拠り所となる、一緒にいて心躍る、芸術の才を持った男性という存在であった。

ダーンリの不満が膨らんできた。

「メアリ、君は夫の私より、秘書のリッチオの方が大事なのか。あの男と過ごす時間がとても多くなっているね。あの男にあまりにも信を置き過ぎてはいないか」

貴族たちの中に、嫉妬心からリッチオに辛く当たる者も出てきた。「面と向かって顔をしかめる者もいれば、傍を通り過ぎる時に肩で突いたりもした。それでも実際は、貴族の中にはリッチオの新しく得た力が、土地の権利証を手に入れたり、訴訟の際の援助を得たりする時等に必要となっていた[13]」。その結果、彼は短期間のうちに財を手に入れた。貴族たちは口々に言うのであった。

「見ろ、リッチオの豪華な服装を。見る見るうちにダンディになったじゃないか。彗星のように猛スピードで出世し、裕福になった証だ」

リッチオは、あまりに女王の愛顧を受けていることに対する反発をあからさまにする貴族が出てきて、恐れさえ感じるようになっていた。それで、メルヴィルに相談をした。

「外国人は、他国の事情にあまりに介入し過ぎると、往々にして恨みをかいます」

メルヴィルはこう忠告し、さらに付け加えて言った。

「リッチオ、国事の大部分があなたの手を通っていると考えられています。だから女王と臨席し貴族がいる時は、彼らに場を与えて、女王陛下にそれで満足されるよう嘆願したらいいのではありませんか」と自分の経験を例に挙げて、助言した。メルヴィルは(今の)ドイツで三年程プファルツ選帝侯に仕えたことがあった。

「私はプファルツ選帝侯にたいそう気に入られて、私をご自分のテーブルに着かせたのです。会議が始まると、選帝侯は全宮廷人のいる前で、私に相談をされました。すると他の人々が私に憤慨したのです。私はそれに気付くとすぐに選帝侯のテーブルから離れて、他の人々と一緒に座ることを許してくださるようお願いしました。それからは彼らがいる時には、私と話し合われることはなくなりました。ただ、選帝侯がお暇の折には、いつでも小姓を寄越してくだされば、お部屋にお伺いすると申し出ました。これが叶い、主人も、私も嫉妬されることはなくなりましたよ(14)」

リッチオへの助言も空しく、彼も、女王の態度も変わることはなかった。

さてスコットランドの宮廷では、これまで中心となって女王を支えてきたメイテランドが、リッチオの急速な昇進に気を悪くしていた。自分の立場が弱まってしまったからである。メイテランドはプロテスタントでもあった。また他のプロテスタントの貴族の中には、カトリックのリッチオはローマ教皇の差し金で、スコットランドでカトリックを再び広げようと画策しているのではないかと疑う者もいた。

ダーンリは元々リッチオと仲が良く、ベッドで二人が一緒にいるのを目撃されたりもしている。リッチオが女王に、結婚相手としてダーンリを勧めていたという経緯もある。しかし、そんなダーンリもリッチオを嫉妬し始めていた。

さらに、メアリ女王の異母兄モレイは女王の信頼を完全に失い、失脚し、イングランドへ追放の身である。このように女王に反発する不満分子が、その声を高め、反抗心を燃やし始めていた。不穏な空気が、ホリルード宮殿に流れ始めていたが、メアリは何も気付いていなかった。この時メアリにはすでにダーンリとの子供が宿っていて、妊娠六か月の身重の状態であった。

外交手腕があるメイテランドではあったが、メアリがエリザベスに見切りをつけると、彼の活動の場が減少した。ダーンリもいるし、メアリはますますリッチオに頼るようになっていて、メイテランドは不愉快であった。それに彼は「マイケル・ウィリ（マキアヴェリ）」というあだ名があるとおり、陰でことを操り、思いのままに動かそうとするが、自分の手はいっさい汚さないという技を持っていた。このメイテランドこそが、ダーンリの頭に事実ではないことを吹き込んだ張本人である。

「ダーンリ殿、気が付いていらっしゃいますか。リッチオは毎晩あのように遅くまで、時には朝方の一時、二時まであのサパー・ルームで女王と過ごしているでしょう。女王はリッチオとベッドを共にされていることがあるようです」

「外国人のリッチオめ、王である私を出し抜いてそんなことをしているのか。許すわけにはいかない。行動だ、行動を起こすのだ」

ダーンリはメイテランドのことばを真に受けて、考えることも、調べることもせず怒りに燃え狂った。他の不満を抱いているプロテスタントの貴族たちと手を組んで、リッチオ殺害を決意した。

この時ダーンリの頭を占めていたことが二つあった。一つは「クラウン・マトリモニアル（結婚により女王と王冠を共有する）」を取り戻して、王となることであった。メアリは結婚後すぐにこの権利を与えたが、あまりにもぶざまな生活態度、王らしからぬ無責任な振る舞いのため、すぐに撤回していた。自惚れの強いダーンリは、これに対して腹を立てていて、次の議会で是が非でも「クラウン・マトリモニアル」を認めてもらいたいと願った。もう一つは、ダーンリは自分がヨーロッパにおけるカトリック勢力の中枢の一角であると認めてもらうことであった。

一五六六年三月七日に議会が開かれ、十二日に最終決定が下される予定であった。ダーンリは「チェイス・アバウト・レイド」等で女王に刃向って追放され、土地、財産を没収されることになっている貴族たちに、約束した。女王から赦免を取り付け、財産没収を無効にし、元に戻すと。その見返りに、自分の「クラウン・マトリモニアル」に議会で賛成する条件で、リッチオ殺害計画を進めたのである。盟約書を作成し、ダーンリ自身もそれに署名した。言い出し元のメイテランドは署名しなかった。

このような陰謀には全く気付かなかったメアリ女王だが、着々とスコットランド統治能力を身に付けていった。彼女は「コリチーの戦い」で戦死し、その後有罪判決を受け、爵位、土地、財産を没収されたハントリ伯爵・ジョージ・ゴードンの次男を自分の元に呼んだ。

「ハントリ、お父上が喪失していたものを全てあなたに返します。よかったら宮廷に戻って、王家を支える一員になりませんか」

「女王陛下、ありがたくお受けいたします。陛下のお口添えで、私の妹ジーン・ゴードンもボスウェル伯爵と結婚することができました。これからはボスウェルと共に力を合わせて、陛下をお支えしたいと思います」

事実、次第にボスウェルとハントリがメアリを支える中心人物となっていく。ボスウェル伯爵・ジェイムズ・ヘッバーンは世襲の海軍総司令官であり、イングランドとの国境地帯を掌握する行政長官でもあった。パリ大学で教育を受け、古典にも通じる文武両道の人ではあるが、いつも武力に頼った。その荒々しい、勇ましい手法は、女性を惹き付けはしたが、周囲の人々からはそのやり方故に、嫌われていた。

スコットランド宮廷では、権力と富への欲望が渦巻いていた。イングランドへ追放の身のモレイは、メアリとダーンリを王座から引きずり下ろし、プロテスタントの仲間と共に共和制をしいて国を治めたいと考えていた。ダーンリの父親、レノックスも権力欲が強く、ダーンリも王冠、それにヨーロッパカトリック勢力の権威獲得を欲していた。

実際、ダーンリは急ごしらえの、上辺ばかりの熱心なカトリック教徒の仮面を被り、見苦しく振る舞った。ダーンリが権力獲得のためだけの宗教帰依をこれ見よがしにしたのとは正反対に、メアリは生涯を通して敬虔なカトリック教徒であった。メアリがこの時点でプロテスタントを容認して、プロテスタントに寛容な態度を示したのは、ひとえにスコットランドの安定と平和のためなのであった。しかし、ダーンリはフランスのギーズ家にも、ローマ教皇にも、メアリのカトリック軽視を非難して見せた。

ダーンリは「聖ミカエル勲位」を授与され、ローマ教皇はメアリとダーンリに宛て、カトリック復活の祝詞をしたためた手紙を代理人を通して渡した。(14) だがスコットランドの実情は、これとは全く異なっていた。主要貴族の多くは、プロテスタントに帰依していたのである。


さて、スコットランド宮廷では、陰謀の黒い影が忍び寄っていた。メイテランドは自分が以前の地位に返り咲きたい一心で、陰謀を企てていた。一五六六年二月九日、彼はセシルに手紙を書いて、宮廷の状況を伝えた。その手紙の中で「根っこを切り取る」必要があると表現した。この不吉な言い回しは様々に読み取られる。いずれにせよ、イングランド側は、この陰謀の全容を掌握していた。もちろんランドルフは近く起こるであろう「大事件」をエリザベスとセシルに報告していた。

三月九日、土曜日、夕方八時、いつものようにメアリの例のサパー・ルームで楽しい時間が流れていた。食事の最中であった。この部屋の階下にあるダーンリの寝室からは階段で繋がっている。その階段をドタドタドタと駆け上がってくるけたたましい音がしたと思ったら、真っ先にダーンリがこの部屋に入ってきた。一同は仰天した。すると次にルースヴェン卿が鋼の帽子を被り、武具を身に着けて、恐ろしい形相をして入って来た。彼は肝不全、腎不全を患っていて、余命幾ばくもない命のエネルギーを絞り出しての行動であった。女王に急いだ様子で言った。

「よろしかったら女王陛下、あちらのデイヴィ(リッチオ)をこちらに寄越してくださいまし」

「何の罪を犯したというのでしょう。何か罪を犯したのなら、彼を議会に連れ出し、通常の裁きに従って、罪の償いをさせます」

リッチオは恐る恐る窓辺に後ずさりして、女王のスカートを握り締めていた。すると反対側から、大広間そして女王の寝室を通って、もう一人の、この事件の首謀者であるモートンとその仲間がサパー・ルームに入って来て、大乱闘が起こった。テーブルはひっくり返され、シャンデリアは床に落ちた。ジョージ・ダグラスがまず第一撃の短刀をリッチオに突き刺し、大広間へと引きずっていった。リッチオは泣き叫んだ。

「正義を！ 正義を！ 私の命をお救い下さい。女王様、私の命をお救い下さい！」

女王には、アンドルー・カーが銃口を向けたが、ルースヴェンが女王をダーンリに預けて言った。

「女王陛下、ご心配は無用です。お命はダーンリがお守りします」

リッチオは大広間の端で滅多刺しにされてこと切れた。五十か所とも六十か所とも言われている。その亡骸には、ダーンリの仕業と分かる証しとして、持ち主の短刀を突き刺したままにしていた。リッチオの遺体は大広間に通じる中央階段から、下に投げ捨てられた。(現在でもホリルード宮殿の大広間には、リッチオ殺害の痕跡が印されている。)

メアリ女王は驚愕し、嘆き悲しんだ。

「私が一番頼りにしていた大切なリッチオ！ 仕事ができるだけでなく音楽もでき、文芸にあれ程優れていたのに。もうあのような人に出会うことはないでしょう。何という悲惨な目に遭ったのでしょう。ああ、気の毒でたまらない。可哀想なリッチオ！」

崩れ落ちてしまわないように、気持を抑えるように、メアリは自分に言い聞かせ、大事なことをまずは済ませる必要があった。涙を流しながら侍従に頼んだ。

「早くリッチオの部屋に行って、暗号や暗号で書かれたものが入っている黒い箱を持って来て下さい」

これは無事に手元に戻った。次に、今危険極まりないホリルード宮殿からいかにして脱出できるかを考えなければならなかった。宮殿は今、陰謀者たちによって包囲されており、ドアの外にも見張りが立てられていた。侍女たちもここを出るように命じられた。

翌朝、ダーンリがメアリの部屋に戻って来た。

「メアリ、怖い思いをさせたのは悪かった。どうか許して欲しい」

「私にも銃が向けられたのですよ、身重の私に。二人とも殺されていても不思議はない状況だったのです。何という出来事が起こってしまったのでしょう」

女王はダーンリを見下し、嫌悪感さえ抱いたが、冷静さを保ち、この事件をいかにして処理するかを考えた。ダーンリを味方に付け、モートンやそのダグラス一族、ルースヴェンには復讐を決意していた。メアリはスコットランドに戻って来てから、多々苦い思いも、落胆も、裏切りも経験していく中で、政治力を身に付けるようになった。その上、このようなおぞましい経験が、女王を強くしていったのである。

メアリはここから脱出する良い方法を思い付いた。

「ダーンリ、今すぐ出産しそうなのよ。早く助産婦と侍女たちに助けに来て欲しい」

「そうか、大至急、モートンとルースヴェンに掛け合ってみる」

彼らは仕方なく禁止令を解いて、侍女たちを入廷させた。女王は女官の一人を通して、モレイとその仲間の、追放された貴族たちに宮殿に来るように伝えさせた。彼らを許すつもりにしていたのである。

翌十一日、ニューカッスルに身を寄せていたモレイが、メアリに会いに来た。この陰謀の片棒を担いでいることを知らなかったメアリは、モレイを抱いてキスをして言った。

「あなたがここにいてくれていたら、私はあんな無礼な扱いを受けることはなかったはずよ」

二心のあるモレイもあらぬことに、心を動かされて涙を流した。

第七章　逃避行

　今、陰謀を企てた反逆貴族たちが一番望んでいるのは、十二日の議会で、私権、財産没収の決定をされないよう、この議案の白紙撤回をすることであった。そのための書類に、女王の署名が必要であった。彼らはその書類をダーンリに渡して、後で受け取りに来ることになっていた。アーチボールド・ダグラスが書類を持って来ると、ダーンリは、今日はもう遅いから明朝来るようにと告げた。

　その日の深夜、メアリ女王は行動を起こした。護衛隊長、侍従武官、小姓たちに、自らの逃亡計画を援護するよう伝えた。メアリとダーンリは夜の静寂の中、地下の酒蔵に通じる通路を抜け、宮殿を出ると、忠実な廷臣たちが馬の用意をして、待っていた。メアリはアーサー・アースキンの馬の後部に据え付けられた鞍に乗り、ダーンリは自分の馬に乗って、ダンバー城を目指した。ホリルード宮殿から西へ四十キロメートルの逃避行であった。

「ダーンリ、そんなに速く走らないで。流産するかもしれないから」

「子供はまた生まれるのだから、案じることはない。それより、後に残してきた貴族たちの報復が怖い。急がないと危ない。全力疾走だ！」

女王は金色がかった赤褐色の長い髪を、吹き付けてくる強い風に預けて、必死に鞍にしがみついていた。三月初旬の夜中の風は冷たく、身重のメアリにとっては危険な、衰弱してしまう程の道のりであった。自らの不屈の精神力と忠実な従者の助けを得て、やっとの思いでダンバー城に辿り着いた。春まだ浅く、冷たい北海の波音がすぐ傍で止まず、時折波が岩を叩き付ける音が聞こえてくる岩場に、ダンバー城は雄々しく立っていた。まだ止まず弾む女王の息と、激しく岩に打ち付けては、引いていく波音が一つになっていた。女王はようやく一息ついて、心も体も休めることができた。

しばらくすると、ボスウェルとハントリが中心となって、アソル、フレミング、シートン等の貴族も加わって、支援態勢が整ってきた。三月十七日には近隣住民を召集し、女王軍に五千人から八千人に及ぶ兵士が集まった。再びメアリがその先頭に立ち、威風堂々とエディンバラ城に入った。これでやっと安心して、お産の準備をすることができる。

しかし、ダーンリの心は穏やかではなかった。自分が裏切った貴族たちのことが頭から離れなかった。一方陰謀を実行した貴族たちは、ダーンリの寝返りを知って憤り、仕返しとして次の陰謀へと動く気持を固めつつあった。リッチオ殺害事件で、自分は何の罪も犯していないと臆面もなくダーンリは主張したが、裏切られた貴族たちは、ダーンリの署名入りの盟約書を女王に送るという報復に出た。

女王は今や、ダーンリに対して憎悪と侮蔑以外の何も感じていなかった。離婚の話も出ていたが、まずはこれから生まれてくる子供のことを第一に考えて、事態を荒立てることは避けた。

四月に入って、メアリはボスウェルとハントリに訴えるように言った。

「どうか敵対し合っている貴族たちと仲直りしてくれませんか。そうしないと国の力が弱ります。特にモレイ、アーガイル、グレンケアンたちとのことです。反逆する者さえ味方に付けることで、その分私たちは強くなれるのですよ。このことを頭に入れておいてください」

弱冠二十三歳でありながら、急速に成熟していく女王の考え方であった。

ただ、メアリはダグラス一族のモートンだけは許すことができなかった。メアリの父も、ダグラス一族からはひどい仕打ちを受けていて、嫌悪すべき存在であった。モートンは土地、財産、城全てを没収され、イングランドやネーデルランドへと逃亡した。


一五六六年六月三日、女王はエディンバラ城の出産の間に入った。部屋の外で昼夜を問わず女王の警護に当たったのは、アーガイル伯爵であった。敵対していたこともあったが、彼は神の次に王室の正当性を信じ、王室を大切に思う人物なので、メアリは信頼を置いた。

六月十九日、午前十時から十一時の間に、男の子が産声を上げた。スコットランドにとって大慶事である。王子誕生を祝して、エディンバラ城の大砲が発射され、街の至る所に松明が点された。メアリにとっては何にも増す大功績で、この王子こそがスコットランドのステュアート王朝を引き継ぎ、さらに将来スコットランドとイングランドを結んでくれる大きな存在となるのであった。

メアリの忠実な秘書、ジェイムズ・メルヴィルは、すぐにこのめでたい知らせを受けると、すでに十二時には馬に乗り、ロンドンを目指した。四日間の馬の旅であった。イングランド宮廷に仕える兄のロバートに会い、自分の到着と王子の誕生をセシルに知らせてもらった。六月のイングランドは、宮殿の庭にも、公園にも、民家にもバラが咲き乱れ、麗しい限りであった。

エリザベス女王はグリニッジ宮殿にいて、夕食後に、陽気にダンスを楽しんでいるところであった。セシルが女王の耳元に小声で言った。

「陛下、メアリ女王の使者メルヴィルが知らせを持って来ました。女王が王子を出産したそうです」

すると陽気な雰囲気が一瞬にして変わった。その場にいた者たちは訝かったが、すぐに理由が分かった。エリザベスの落胆した声が響いたからである。

「スコットランド女王は、立派な息子を産んで身が軽くなったのに、私はただの産まず女の血統にすぎない」

翌朝、メルヴィルは兄と二人でテムズ川を下って、グリニッジ宮殿に向かった。女王に会うと、メルヴィルは伝えた。

「女王陛下、メアリ女王の友人の中で、出産の朗報を最も喜んでくださる方は女王陛下だと分かっていたからこそ、このように大至急でご報告に参上した次第です」

「それは嬉しいお言葉、感謝に堪えません」

「陛下、一つお願いがございます。よろしかったら、王子の代母(ゴッド・マザー)になっていただきたい、と我が女王は願っておられます」

「結構ですよ。喜んでお引き受けしましょう」

「もう一つお願いがございます。メアリ女王は、陛下にお目にかかる好機が訪れるのを切望しておられます」

暇乞いをする直前、メルヴィルが王位継承に関する話を女王に切り出した。この場の空気が良い方向に流れているのを察してのことであった。エリザベスの大のお気に入りのレスター卿は、今やメアリと友人になっていて、エリザベスにメアリを王位継承者に決め、公表するようにと勧めていた。そうすれば、エリザベスにとっても、最大の幸福とも安堵ともなると進言したのである。エリザベスはそれを踏まえて、メルヴィルに告げた。

「王子誕生が大きな後押しになったので、イングランドで最も腕の立つ法律家に、細心の注意を払って後継問題を調べてもらう予定です。私個人としては、王位はメアリ女王が継承されるのが正当と思っていますし、そのように決定することを願っているのですよ」

何度も繰り返した返事である。

王子誕生の後、イングランドでもスコットランド女王に対する人気が上昇し、ノーフォーク公爵等の貴族たちの間でも、メアリに対する好意を公けにする声が聞かれた。

出産後のメアリの体調は優れなかった。ダーンリとの仲がうまくいっていないことも、体調不良の一因となっていた。休養が必要なメアリは、エディンバラから渡し船に乗ってフォース湾を渡ればそう遠くない、マー伯爵所有のアロア・タワーに出掛けた。そこにはモレイとボスウェルも同行した。ダーンリも後で来たものの、数時間しかいなかった。しかもこのアロア・タワー滞在中に、メアリとダーンリは公然と衝突した。

「ダーンリ、あなたはいったい国王の自覚があるのですか。気持はいつも不安定、蝋のようにすぐ溶けてしまう精神には、頑として動じることのない柱も立っていなければ、立てる資質もないわ。自尊心だけが高く、宮廷のこと、国家のこと等何も考えていない。国王に負託された義務感等何もなくて、それで王とは国王の名が泣きますよ」

ダーンリも負けていなかった。

「メアリ、あなたは私を正式な王として認めていないではないか。その上、私という王がいながら、私よりも他の人たちの方を重用している。リッチオもそうだったし、今はボスウェルやハントリの方を重んじているではないか」

メアリが彼に対して投げつけた言葉は、女王にはふさわしくない、毒のあるものであった。

八月下旬アロアで休養中のメアリは、急に王子の身の上に不安を感じた。それでモレイとボスウェルに要請した。

「王子の安全がとても気になるのです。エディンバラ城から急いで、もっと安全なスターリング城に移してくれませんか」

女王の心の裏ではいつも、ダーンリと彼の父たちが王子を誘拐し、自分たちが摂政として政治の実権を握ろうとしているのではないか、という疑惑にとらわれていたのであった。王子の養育には、エディンバラ城でもそうであったように、このアロア・タワーの所有者、マー伯爵とその妻に当たってもらった。

九月に入ると、メアリは疎遠になっていたメイテランドを宮廷に呼び戻した。彼は嫌悪し合っていたボスウェルとも和解した。

九月末には、ダーンリの不満が噴き出し、フランス大使、デュ・クロや貴族たちの面前で、メアリと罵詈雑言をぶつけ合った。ダーンリはメアリと別れ、外国に住む等と言い出したのである。嫉妬もあったが、最大の不満は正式な国王としての権威を剥ぎ取られていることであった。もはや二人の不仲を隠しておくことは、不可能な状態となっていた。

メアリに最も忠実な貴族の一人、ボスウェルが、一歩一歩女王の存在の中心に向かって動き始めていた。ボスウェルはメアリの母、メアリ・オブ・ギーズにも忠実であった。ただ彼はリッチオ同様、周囲の人から嫌われた。一つには、問題を暴力で、即座に解決しようとする傾向があったからである。感情が激しく、熱情的なボスウェルは、メアリの言う「蝋の心」を持ったダーンリとは全く対照的であった。

このボスウェルは、イングランドとの国境地帯(ボーダーズ)を警備する任を負っていた。当時リーヴァーズと言われる荒くれ窃盗団を逮捕し、裁判に掛け、処罰する任務を与えられていただけではない。このボーダーズの荒涼とした湿地帯に、角張った形に見事なアーチを配し、威容を誇る石でできたハーミテジ城の城主でもあった。(現在でも、内部の石組みは崩れてしまっているが、その威容はそのまま湿地帯の静寂の中にあり、人々の想像力を掻き立てる。)

メアリは良心の人であり、貧しい弱い立場にある国民が、不当な扱いを受けるのを見過ごすことができなかった。エディンバラの南東およそ七十六キロメートルの所に、ジェドバラという小さな町がある。ここで行われる巡回裁判に、誰も不当な扱いを受けていないか、裁判が公平に行なわれているかを見定めに、女王は姿を現わすことがあった。

一五六六年十月初旬のこと、ジェドバラにいる女王の元に連絡が入った。

「女王陛下、巡回裁判の準備をしていたボスウェルですが、窃盗団に襲われ深傷を負い、ハーミテジ城で瀕死の状態にあります」

「それは困ったことになりましたね。私にはジェドバラでの大事な公務がありますから、それを終えたらすぐに、見舞いに行きましょう」

その知らせから一週間程して、女王は馬でハーミテジ城にボスウェルを訪ねた。馬での訪問はそう容易なものではなかった。ハーミテジ城はハーミテジ川とリディスデイル川に挟まれた湿地帯にあり、しかも急な坂を上り下りしなければならなかった。片道四十キロメートルの道を、一日で往復したのである。モレイや宮廷の側近たちを引き連れての訪問で、僅か二～三時間の滞在であった。帰途、かなり急斜面になった荒地で、女王は落馬した。（そこは今でも地図に「クイーンズ・マイア」――女王のぬかるみ――と印されている。）

恐らくこの時のことも一因となって、ひどい病状に陥ってしまった。その後、ボスウェルは回復に向かったが、女王は死線を彷徨う程の重病となったのである。それは、ダーンリとの不仲からくるストレス、持病の消化器系疾患、そしてこの落馬による傷が重なった結果であろう。左脇腹の痛みで苦しみ、何十回も嘔吐し、意識が朦朧となった。「二日後には痙攣を起こし、話せなくなり、目も見えなくなり、遂には顔も歪んで、手足も硬直し、冷たくなった(16)」。侍従たちは葬儀の準備を話し合った。

しかし、フランス人の医師が必死に治療に当たり一命を取り留めた。メアリは死の淵から蘇りはしたが、この先長くは生きられないかもしれないと感じて、神の御心に従い、お召しのとおりに身を差し出す覚悟でいた。遺書も書き、側近たちに向けて「別れの挨拶」までした。

「皆も知ってのとおり、私はいつもこの国の福利と安寧を願ってきました。皆にできる限り愛情を注ぎ、表わしてきたつもりです。愛と慈善と調和で一つに結びつけるよう、努めてきました。ですから皆にも同じように愛、情愛、協力で国として一つにまとまってもらいたいのです」

次に伝えたのは自分の王子のことであった。王子を育て、順調に成長させ、神を恐れ、美徳に溢れ、国のために益する行いができるように見守って欲しい。若い間は、王子を悪い仲間に近づけさせないようにして欲しい。悪影響を受けて、神と世界に対する義務を忘れたら大変だから。

「私のこの世での日々を短くすることは、神の御心に叶ったことなのです。今この時まで、多大な名誉と申し分のない状態で生きてきましたので、今こそこの世の全ての虚飾からこの身を離し、この世で最も慎ましい、貧しい人間の一人と考えて、自らを主の足下に投げ出し、御心を受け入れるつもりです(17)」

メアリが生死を分ける病と闘っているにもかかわらず、ダーンリは女王がほぼ回復した頃に見舞いに来て、すぐに父レノックスの牙城であるグラズゴウに戻って行った。

第八章　自堕落な王

十一月の下旬、メアリと枢密院顧問官たちは、クレイグミラー城に二週間程滞在した。この城はエディンバラの南東五キロメートル程の低い丘に立っており、フォース川の水の恵みで緑も豊かな、メアリお気に入りの中世の城であった。ここで、メイテランドたちは女王夫妻について話し合った。

「女王とダーンリの関係は看過できない状態になっていますよ。女王は近頃よく『死ねたらいいのに』と一人呟いているそうです。ダーンリは、女王が他の貴族と話しているのを見るだけで嫉妬しているようです。それに女王は女王で、ダーンリが他の貴族と話しているのを目にするだけで、また父親と一緒になって陰謀を企てているのではないかと疑心暗鬼になっているようです」

とうとう臣下の間で二人の離婚が検討された。

リッチオ殺害の時と同様、またもメイテランドが口火を切り、モレイとアーガイルに話を持ちかけた。

「女王が、モートンや他の追放されたリッチオ殺害者たちを赦免すれば、離婚の道は開けると思う」

モレイは主張した。

「もっと手厳しい手段が必要ですよ」

実際、メイテランドはさらに手厳しい陰謀を画策していた。アーガイル、ハントリ、ボスウェルに打診すると、その陰謀に加担する意志があることを示した。彼らは女王の部屋に入って、ダーンリとの離婚を勧めた。するとそれに答えて女王は言った。

「離婚しても良いと思います。ただ、大事なのは、これによって王子ジェイムズが不利になることがないよう、法に則って行なわれること、それに王子の相続権の正当性が保障されることです」

メイテランドはモレイに同意を求めて言った。

「モレイ殿、この陰謀に同意出来ないのなら、見て見ぬふりをして、我々の行動を凝視しながら、そのことを口にしないようにしたらいいのではないですか」

メアリは彼らとの会話に何かしら不安を覚え、メイテランドの本意は何なのかを詰問した。

「メイテランド、私の名誉や良心に汚点が残るようなことは、何一つしないで欲しい。だからどうか事態を今のままの状態にしておいてくれませんか」

メイテランドは答えて言った。

「女王陛下、私たちにお任せください。陛下には良いことだけを、議会で承認されることだけを、お目に掛けたいと思っております[18]」

メアリはジェドバラで瀕死の状態に陥った時から、王子を守ることに気を配り始めていた。一瞬の思いつきでエリザベスに手紙を書いて、息子ジェイムズの「後見人」になってもらえないかという申し出をした。いったんメアリはエリザベスの空虚な、実質を伴わない言葉に辟易していたが、この時は真実の気持の吐露であった。「王室の理想」を掲げ、追求するエリザベス女王を信頼しての思いであった[19]。好意的な返事をメアリは受け取った。

エリザベスは、懸案中のイングランドの王位継承権についても、女王対女王というレヴェルで話し合いたいという気になっていたのである。父ヘンリ八世の遺書によると、エリザベスの後継は、父の妹サフォーク公爵夫人・メアリの子供となっていたが、印鑑のみで署名がなされていないことから、法律的に検討する余地があった。エリザベスは心情的には、スコットランド人の女王・メアリに譲りたいと思っていた。メアリとエリザベス両者に、信じ合え、愛し合える良い気運が生まれていたのである。

メアリは忠臣メルヴィルに打ち明けるように言った。

「メルヴィル、私はね、エリザベスとの関係に何か良い兆しが見え始めた気がするの。だから余計に、ダーンリとのことは気が重い、心の晴れない憂鬱なこととなっているの。でもね、今最優先させなければならないのは、王子ジェイムズを守り、エリザベスとの交渉を満足のいく形で完成させることと思っているのよ」

「陛下のおっしゃるとおりです。大切なことにお気持ちを集中させておくことこそが、第一だと存じます」

十二月に入ると、一大行事の準備で慌ただしくなった。一五六六年十二月十七日、スターリング城の王室礼拝所で、ジェイムズ王子の洗礼式が執り行われた。六月十九日の誕生日から半年後のことであった。王子はフランス王チャールズ九世代理の伯爵の腕に抱かれて、カトリックの儀式に従って洗礼式が行なわれた。エリザベス女王はベッドフォードを代理に送り、純金の洗礼盤をお祝いに贈った。豊かな黄金色に光る上質な贈り物は、女王の好意を形にした証しに見えた。ジェイムズの代母になることも受諾していて、代母の代理はあの有力な、エディンバラ城の産褥室の前で護衛官を務めたアーガイル伯爵の夫人が当たることになった。

フランス大使デュ・クロは、フランス王に洗礼式の様子を伝えた。

「何から何まで申し分なく執り行われました。メアリ女王が貴族たちに準備した、高級な布地の金、銀、青の礼服までもがおめでたい場を盛り上げておりました。三日間にわたる目も眩むような豪華な祝宴で、仮面劇あり、詩の朗読あり、晩餐会ありで、最後は花火で幕を閉じました。ただ一つだけ、とても異常な事態が目に付いたのです。良い報告ではありませんが、ダーンリのひどい振る舞いです」

盛大な儀式の中、皆が喜び合っている時に、ただ一人式に姿を現わさなかったのは、他ならぬ父親のダーンリであった。スターリング城のどこかにいたらしいが、正式な国王としてもらえていない不満から、欠席したのである。代わりに、この洗礼式で甲斐甲斐しく動き回ったのは、ボスウェルであった。大使デュ・クロはダーンリの振る舞いを案じて、報告に付け加えた。

「直しようもないだけではない、彼から何か良いことが期待できる見込みはないと思います……全てがどう展開するか予言できるとは言いませんが、事態はこのままの状態で長く続くはずはなく、何か悪い結果を伴うことが起こるのは避けられない気がします[20]」

ダーンリがこのような状態であったので、勢い大役がボスウェルに回ってきた。ヨーロッパからの大使たちも含めて多くの賓客が招かれての祝宴で、女王の椅子の背後に立って並んだのは、モレイとハントリに加えてボスウェルであった。ボスウェルは着々と自分の野望に向かって、速度を上げて進んだ。女王から頼りにされる存在として、その足場を固めつつあった。父親不在の王子の洗礼式は、多くの客人たちにとって異様なものに思えたに違いない。

十二月末、ダーンリは父親レノックスのいるグラズゴウに戻ってしまった。メアリはクリスマス・イヴにモートンや追放されたリッチオ殺害の陰謀者たちを赦免した。赦しの必要性を忠臣メルヴィルは女王に進言していた。女王が、いまだにリッチオ殺害の悲しみが尾を引き、悲しさを示し、復讐心を顕わにすることがあったからである。

「復讐等は女王にふさわしくありません。第一に神に、第二に名誉に、第三にご自分の身分を確立し、幸せな王政の状態で、グレイト・ブリテン王国を繋ぐことに、ご興味を持たれることです。

しかも、それをご自身の直ぐ傍までもたらしておいでのことをご存知のはずです……。動物的激情を抑制することこそ君主にふさわしい、だからこそ君主は神聖な人と呼ばれるのではないでしょうか。統制のとれた政治によって神性に近づき、罰するに遅く、許すに迅速な君主でなければ、この地位を望むことはできません[21]」

メアリはメルヴィルの助言を実行に移して、赦しの方向に向かった。

一五六七年一月中旬、モートンは赦しを受けて、逃亡先のイングランドから帰国した。すると直ぐに、ダグラス一族所有のウィティンガム城で集会を持った。参加したのはモートンを初め、メイテランド、ボスウェル、アーチボールド・ダグラス等であった。モートンは、リッチオ殺害の盟約を裏切って、寝返ったダーンリを恨み、復讐の一念を持っていた。話はダーンリ殺害の共謀に集中した。

同じ頃、メアリはメルヴィルに依頼した。

「ジェイムズ王子をスターリング城からホリルード宮殿に移す手筈を整えてくれませんか。スターリングは、ダーンリとレノックスのいるグラズゴウに近過ぎます。実は、フランス駐在大使の部下の一人ウィリアム・ウォーカーによれば、ダーンリがレノックス一派と手を組んで、ジェイムズ王子を誘拐して王に祭り上げ、自分が摂政として二十年ほど統治する、メアリは牢獄に永遠に閉じ込めておくという陰謀を企てているようなのです[22]」

メアリはダーンリたちの陰謀を恐れ、警戒していた。だから、ダーンリをグラズゴウから、自分の目の届くエディンバラに置いておきたかったのである。

ダーンリをグラズゴウからエディンバラに連れて来たかったのは、メアリだけではなく、モートンたちの陰謀者の願うところでもあった。もちろん、両者の目的は異なっていた。メアリは彼らの陰謀を全く知らなかったのである。

一月二十日、メアリは馬車でグラズゴウに向かった。ダーンリは梅毒を患い病床にあった。自尊心を傷付けられて落胆し、病気に苦しむ夫に向かって、メアリは、一年半程前に愛し合っていた頃のように優しく話し掛けた。

「ダーンリ、私たちは今惨めな関係になってしまっているけれど、もう一度初めの頃に戻って、お互いの愛情や尊敬を取り戻せると思う？　私も努力してみるけれど、あなたも気持を良い方へ変えることはできる？　よかったら、エディンバラに戻って来てくれない？　あなたの病気の治療にも手助けするわ」

「メアリ、本当に私に優しくしてくれるの？　元のように良い関係に戻れるの？　希望を持っても大丈夫なの？　そうだとしたら、エディンバラに戻っても良いかもしれないよ」

この時のメアリの心理状態は複雑であった。

夫に対する愛情も純粋な思い遣りも消えてしまっていたけれど、このように打ちひしがれている夫を見ると、哀れに思う気持が湧き上がってくるのも事実であった。元々メアリの本質は、心優しく、慈悲心に溢れていて、他者を苦しめること等は無縁のものであり、似つかわしくなく、全く異質のものである。

この時のメアリにとって大事なことは、ダーンリをしっかりと自分の目の届く所に置いて、陰謀を防ぎ、エリザベス女王とうまく軌道に乗りかけている王位継承を望みどおりに成就させることであった。だから、周囲で何も騒ぎを起こして欲しくなかったのである。

メアリはダーンリに話し掛けた。

「では、一緒にエディンバラに戻りましょう。私の気に入りのクレイグミラー城に、病が癒えるまでしばらく滞在することにしましょうか」

「いや帰るのだったら、カーク・オ・フィールドにしたい。あそこは高台で空気も良いし、ホリルード宮殿からも近いのだから」

「そうね。そうしましょう。あそこだったらホリルード宮殿から一〜二キロの距離ですから、私も行ったり来たりが容易にできますしね」

カーク・オ・フィールドの仮住まいは、元市長公舎であったが、その時はバルフォー兄弟の所有になっていた。

ダーンリがカーク・オ・フィールドの住まいに移ったのは、一五六七年二月一日、土曜日であった。ダーンリの部屋は二階にあって、寝室が二つあり、控えの間、二つの小さな私室があった。メアリの寝室は一階にあって、ダーンリの寝室の真下になっていた。台所や貯蔵室もあった。ダーンリの部屋は、ホリルード宮殿から持ち込まれたタピストリで壁が飾られ、床にはトルコ絨毯が敷かれて心地よい部屋になっていた。紫色のヴェルヴェットが施された背の高い椅子や緑色のヴェルヴェットの覆いが掛かったテーブル、赤いヴェルヴェットのクッション等もあった。

メアリはここでホリルード宮殿を廷臣、枢密院顧問官、従者等と共に行き来した。数日後には、メアリはカーク・オ・フィールドの自分の寝室に泊まったりして、疎遠になっていた二人の関係が少しずつ良くなってきていることを、自ら感じ始めていた。ダーンリは梅毒のため、顔にあばたや膿疱ができていて、顔の見苦しさを隠すため絹のタフタ生地のマスクを着けていた。その治療のため、硫黄風呂に毎日入らなければならなかった。

二月七日、金曜日、ダーンリは父親に手紙を書いて、近況を知らせた。

「父上、どうかご安心ください。メアリの優しい心遣いと献身的な介護で思ったよりもずっと早く回復に向かっております。今日もそうですが、メアリは時々この住まいの彼女の部屋に泊まってくれていて、心強く感じております」

二月九日、日曜日、夕方メアリとダーンリは和やかなひとときを過ごした。ダーンリは体調も良かった。

「メアリ、ほら顔の膿疱も随分良くなっただろう。この調子なら、明日にはホリルード宮殿に戻ることができそうだよ。その予定で、馬の準備もさせているのだよ」

ダーンリの部屋では、ボスウェル、アーガイル、ハントリがサイコロ・ゲームを楽しんでいた。

この日の朝、メアリお気に入りの側用人バスティアンが、同じく女王のお気に入りの侍女と結婚式を挙げていた。メアリは豪華に刺繍された花嫁衣装をお祝いに贈った。午後には披露宴が開かれ、メアリ自らも出席し、夕方には公務のために席を立ったが、夜の祝婚仮面劇には再び出席すると約束をした。

午後四時、フランス大使の帰国祝賀の晩餐会にアーガイル、ボスウェル、ハントリ等と共に出席した。モレイは、妻の病気を理由に欠席し、メイテランドも欠席した。晩餐会後、女王と宮廷人たちはカーク・オ・フィールドのダーンリの住まいに戻って行った。

午後八時頃、ダーンリの部屋には、彼の快復祝い、結婚式、晩餐会と続いた華やいだ空気が漂っていた。貴族たちの祝いの豪華な服装も、その雰囲気に花を添えた。リュートが奏でられ、歌声も聞こえた。まるでホリルード宮殿のサパー・ルームの楽しさが再現されたようであった。この愉楽の最中、女王が慌てて言った。

「あら大変、私、バスティアンの披露宴の仮面劇に出席するのを忘れてしまっていたわ。急がないと間に合わない。すぐに馬の用意をしてください」

ホリルード宮殿に着いたのは十一時半頃で、仮面劇を少し見ることができた。恒例の披露宴の後の行事、花嫁をベッドに向かわせる儀式を女王自らが先頭を切って行ない、浮かれ騒いで皆喜びに沸いた。その後メアリは十二時半頃にベッドに入った。ダーンリは月曜日にホリルード宮殿に戻ることになっていたので、メアリはそのままここに留まった。

その数時間後、つまり二月十日、月曜日、午前二時過ぎに、空をまばゆいばかりの閃光が走り、直ぐ後に凄まじい爆音が轟いた。しばらくして女王に侍従が事態を説明した。

「女王陛下、カーク・オ・フィールドが大変なことになっております。周囲はどこもここも、木材の破片や様々なかけらだらけになっているようです。ダーンリ様が滞在されている市長公舎が、完全に破壊され、瓦礫と化したそうです。公舎の横のシーヴズ・ロウ通りの向かいの外壁の奥には庭がありますが、そこに王様が倒れておられたそうです」

「そんなことがあり得ましょうか。つい数時間前まで、ダーンリは、あれ程上機嫌に楽しい夕べの時間を過ごしていたのですよ」

メアリは気が動転した。ダーンリが、そんな悲惨な目に遭うとは、何がどうなっているのか分からず、狼狽するばかりであった。

実は九日の夜、ダーンリの部屋でメアリや貴族たちが賑やかに楽しい時間を過ごしている頃、階下にある丸天井の貯蔵室では、ジェイムズ・バルフォーが着々と爆薬を準備していた。この陰謀を言い出したのはメイテランド、首謀者はモートンとボスウェル、それに手助けをした者たちが何人もいた。近くにはダグラス一族の館があって、そこからアーチボールド・ダグラスとその仲間たちが出てくるところを、隣人が目撃している。ボスウェルの従兄弟、ジョン・ヘッバーンは後に、自分と共謀者が市長公舎の全てのドアに鍵をかけてから、導火線に火を点け、離れた場所から爆発するのを見ていた旨を自白している。

ダーンリは十日の夜中頃自分の寝室に戻り、侍従ウィリアム・テイラーが付き添って同じ部屋の粗末なベッドに横になった。別の三人の側用人は、ダーンリの寝室に隣接する細長い部屋で寝た。この三人は生き残った。しかし、ダーンリは夜着を着たまま庭に倒れて死んでいた。傍には椅子、ロープ、短剣とクロテンの毛皮の付いた紫色のヴェルヴェットのコートがあった。テイラーもダーンリの近くで死んでいた。二人には何の傷もなかった。だから、爆発で亡くなったのではなく、絞殺による窒息死だと見られている。市長公舎の鍵穴には鍵が差し込まれたままになっていたので、ダーンリは窓から逃げるしかなかった。その際、ロープと椅子を使ったのであろう。その後絞殺され、公舎は爆破されたと見られている。

近隣の女性たちは、ダーンリが命を奪おうとする者たちに叫んだと証言している。

「ああ、私が血を分けたダグラス家の者たちよ、私を哀れんでください！　世界全体を哀れんだイエス・キリストのために！」(23)

これらの情報は全て、イングランド側の国境地帯政務長官、ベッドフォードの副官、ドゥルアリによって詳細にわたってセシルに伝えられた。しかも、ドゥルアリは自分のスパイをカーク・オ・フィールドに向かわせ、いち早く、事件の翌日に報告を送っている。ドゥルアリは殺害現場の見取り図まで作成した。現在でもカーク・オ・フィールドの殺害を知る者が必ず目にするイラストは、ドゥルアリによるものである。

イングランド側は、スコットランド王室に起こった惨劇の後、イングランド王室の安泰に胸をなで下ろした。以後、女王メアリの責任を追及し、スコットランド王家を崩壊させる程の勢いで、追跡すべき獲物のようにメアリを追い詰めようと、意気揚々としていた。

第三部

第九章　黒い宿命

一五六六年三月にリッチオがホリルード宮殿で殺害されてから一年も経たずに、今度は女王の夫がカーク・オ・フィールドで絞殺され、住まいは爆破された。これら血生臭い事件は、政権の中心にいる枢密院顧問官の貴族たちが企てたものであるだけに、スコットランド統治の病巣は深かった。しかもプロテスタントを守るという宗教上の大義は名ばかりで、動機の源は、自分の権力財力獲得という私利私欲であった。

メアリ女王の母も摂政という地位にいながら、有力貴族の手荒いやり方で、その座から引きずり下ろされそうになった。今、女王も母と同じような経験をすることになる運命の入り口に立っていたのである。メアリは女官に自分の気持ちを打ち明けた。

「カーク・オ・フィールドのことを思い出すたびに、今でも身震いするのよ。ダーンリは本当に可哀想なことになってしまったわ。バスティアンの祝宴を思い出して急遽宮殿に向ったからこそ、私は助かったのだけれど、それがなかったらどうなっていたことでしょう。神のお思し召しとしか思えないのよ」

「本当に信じられないくらい怖いことが起きてしまいましたね。王様は残念でしたが、女王陛下がお助かりになって、私たちもどれ程ほっとしたことでしょうか」

王殺しとあって、エディンバラには不穏な空気が流れていた。女官は女王に報告した。

「女王様、エディンバラの街のあちこちで『ボスウェルこそが王殺しの犯人だ』と叫ぶ不気味な声が響いております。プラカードを掲げて非難する者もおります」

「秘書から聞いたわ。どうもダーンリの父が怒りを抑えきれずに、彼の差し金で使用人を使って変な恨み節を流しているそうよ」

レノックスは実に、女王や女王に近い貴族を貶める様々な企みをした。プラカードの中には、女王をマーメイド(人魚)に見立てて描き、腰まで裸で、頭には王冠を被っているものがあった。マーメイドは娼婦を象徴する。その下には野兎がいて、ボスウェルを指している。野兎はヘッバーン家の紋章である。

これまで敬愛と名誉が与えられてきたメアリ女王が、このような扱いを受けるのは、惨めさの極まりであった。絶望的な気持ちと憂鬱と無気力の只中にいて、心から親身になって相談し、エリザベスにとってのセシルに匹敵する、岩となって支えてくれ、政治力のある人物がいないことは最大の不幸であった。スコットランドでセシルに匹敵するはずのメイテランドは、理想を掲げながらも一貫性を欠き、策略ばかり練っていて、誠意と忠誠を持って初志を貫ける人物ではなかった。

しかし、皮肉にもたった一人だけ不動の忠誠を誓い続け、気が付いた時にはいつも女王の傍にいて、守り、支えてくれる人がいた。それがボスウェルだった。これこそが、メアリの悲劇の大元であり、その芽が顔を出し、伸びていき、やがて女王の名誉を根こそぎにしてしまうことになる「定め」であった。「巡り合わせ」と言わずに、何と言えるであろうか。人には、自分の意志で決定し、行動する領域を超えた、どうしても動かすことができない力、大自然の重圧とでも言える制御不可能なものを感じざるを得ないことがある。「運命」としか言いようがないものであった。

ボスウェルは確かに女王の母にも、女王にも忠実であった。問題は、彼の忠誠が純正で、君主や国家に献身する一途なものかどうかであった。残念なことに、彼にはそのような美徳は備わっていなかったのである。彼の手は黒く汚れていた。清く美徳に満ち、慈愛が行動の基にある女王の白い絹の布は、悪人と組んだことで外目に同じように、黒く汚れて見えるようになり、女王の存在そのものさえも脅かされるようになっていくのであった。

メルヴィルは静かに、しかし、いつもになく厳しい眼差しで女王に向き合った。

「陛下、ボスウェルのことですが、私の心に引っかかるものがありますので、用心なさるようご忠告いたします。ボスウェルは三十一歳の男盛り、フランスで教育を受け、知性に富んでおります。礼儀正しく振る舞うこともできる、紳士の一面を持ってはおります。でもあの方は、暴力で物事を解決しようとする傾向があります。粗野で荒くれという別の顔を持っていることを、陛下には気付いていただきたいのです」

「そうですね。メルヴィル、ご忠告ありがとう。気を付けておきましょう」

とは言っても、女王を護衛する立場のボスウェルはメアリの近くにいることが多くなり、実際の女王の政策等も指導、助言するようになり、女王も彼を頼りにせざるを得なくなっていた。女王は感謝の気持を表わすために、教会の金の布地の法衣を彼の服に、女王の母のスペインの毛皮を彼の夜着のガウンに仕立て直して贈った。(1) こうしてボスウェルの地位が確立され始めていった。三月末には、メアリ女王とボスウェルが結婚することになるだろうという噂が、フランスにまで届いていた。


三月二十三日、ダーンリの死後四十日間の王室の喪が明けた。ダーンリの父レノックスはいまだに悲しみも怒りも収まらず、女王に復讐を誓う悪意に溢れた手紙を送った。それで女王はレノックスに対して、ボスウェルを息子の殺害者とする訴訟手続きの書類を議会に提出することを許可した。(2)

いよいよ四月十二日、エディンバラの市庁舎で、七～八時間に及ぶ裁判が正式な手続きを経て行なわれた。しかし、証拠の提出がなかったこと、ボスウェルがエディンバラの執政長官であり、判事たちの知り合いも多くいたことから、ボスウェルに有利な裁判となり無罪となった。彼は意気揚々とホリルード宮殿へ向かった。しかし無罪にはなったが、多くの人々がボスウェルは有罪だと思っていた。


例の四人のメアリの一人、メアリ・シートンは四人のうちただ一人だけ独身で、女王に忠実に尽くし続けた。彼女の兄のシートン卿も同じように女王に忠誠を尽くした。彼はエディンバラに瀟洒な屋敷を構えていて、カトリックでもあり、女王の味方になって支える貴族であった。女王はこのシートン邸にボスウェルを護衛として伴って度々出掛けた。

四月の初旬、メアリはシートン邸を訪ねた。春の明るい空気の中で、木陰に黄色いラッパ水仙がいっぱい咲いていて、姫リンゴの花の蕾が膨らみ、うっすら紅色が差し始めていた。

良い香りが漂っていて、清々しい気分で庭をそぞろ歩いていた時のことであった。年老いた男がメアリに近づいて来た。その老人は亡きダーンリの元の下僕であったことを告げ、物乞いをした。

「とても貧しく、お腹が空いております。何かお恵みをいただけませんでしょうか」

使用人たちにはいつも優しく寛大なメアリは侍女に命じた。

「私の財布からお金を差し上げてください。ご老人がここから立ち去る前に、台所でちゃんとした食事を充分に食べてもらいなさい」

こう言い終わるか終わらないうちに、ボスウェルが無作法に女王を遮った。

「この卑しい奴め！　出て行け！　こうして惨めな思いをさせてやるわ。それがお恵みだ、この無礼者！」と口汚くののしったばかりか激しく打ちのめした。老人の口から血が流れ、片足を引きずりながら自分の家に戻っていった。数時間後に亡くなったらしいが、息を引き取る前に彼は言ったそうだ。

「フランスでも、イングランドでもご奉公に上がったけれど、このようなことは一度たりとも、この私に向かって言われたことはない(3)」

このシートン邸の庭での出来事は、メアリとボスウェルの性格の違いを浮き彫りにしている。特にボスウェルの残忍さ、野蛮さ、狂暴さがそのまま表出している。

ボスウェルは女王に求愛するものの、なかなか良い返事がもらえなかった。二人は似合いのカップルでもなく、愛情もお互いに抱いていなかった。何と言ってもボスウェルは、同士であるハントリの妹ジーン・ゴードンと、十五か月前に女王の強い勧めで結婚していた。その上、ボスウェルは強面で、長身、細身で美しいメアリとは不釣り合いだった。ダーンリの洗練された姿に一目惚れした時とは、様子が異なっていた。それでも、保護し、助言し、頼れる男性が必要なのも事実であった。

四月十六日、議会が開かれた。ボスウェルが笏を、アーガイルが王冠を、クローフォードが剣を持ち、女王はキャノンゲイトを通って国会議事堂へ入った。この議会で、ボスウェルの訴訟は正式な手続きに則って行なわれたものであることが承認された。この後、ボスウェルにはダンバー城はすでに与えられていたが、さらに、この城に付随する土地、特権の全てが彼の物となることが批准された。他の貴族たちも土地や家屋を与えられた。

四月十九日、土曜日、議会が閉会になると、ボスウェルはエディンバラにある「エインズリ・イン」という宿屋で、二十八人の貴族と高位聖職者を招いて夕食会を催した。

「皆様ようこそお集まりくださいました。是非皆様にお耳を貸していただきたいことがございます。他ならぬ我が女王陛下のことです。今女王は独り身でいらして、国家を支え、国の安寧を保つには、力強い夫が必要と思うのです。愛情深く女王に接し、心から奉仕し、特別の資質を持っている人物が必要かと思います。しかも外国人よりは同国人の方がふさわしいと信じます。女王陛下はそのような結婚相手として、私ボスウェルを選ばれるかもしれません。よろしかったら準備しております『エインズリ盟約』にご署名くださり、女王と私の結婚を勧める手助けをしていただきたいと存じます」(4)

この盟約書は、女王とボスウェルの結婚を勧める約束となるものであった。モートン、ハントリ等が署名した。

これらの貴族を自分の味方に付ければ、ボスウェルが女王に結婚の申し込みをする際に、この盟約書が強力な武器となることは間違いない。彼は、女王が反逆貴族を統制するには、ボスウェルに頼らざるを得ない状況を創り出した。主要貴族たちも女王にボスウェルとの結婚を勧めた。

「女王陛下、決意の人ボスウェルは統率者として適しております。枢密院の決定と実行には重りが必要ですが、彼はそれに適任です」

それでもまだ女王は結婚するのを躊躇していた。

四月二十一日、月曜日、メアリ女王はスターリング城でマー伯爵の下で養育されている王子に会いに出掛けた。生まれてまだ十か月程の王子と、女王は二日間の滞在中、心ゆくまで共に時間を過ごして楽しんだ。二十三日には王子に別れを告げて、リンリスゴウ宮殿に一泊し、翌二十四日にエディンバラ城に戻る予定であった。

その二十四日に思いも掛けないことが起きた。リンリスゴウからエディンバラに向かう途中、アーモンド川に架かるアーモンド橋で、待ち伏せに合った。この日は奇しくも亡き夫フランシス二世との結婚九周年の記念日であった。待ち伏せていたのは、兵士を引き連れたボスウェルであった。女王はメイテランド、ハントリ、メルヴィルと騎兵を伴っていたが、驚きと恐れを隠せないながらも、落ち着いて言った。

「抵抗したりして流血の惨事を起こしたくないので、私はボスウェルの言うとおりにします。心配は無用です」

女王はボスウェルに従って、ダンバー城に向かった。

ダンバー城で、メアリはボスウェルの言いなりになり、性的暴力を受けたが、逃げ出すこともできたはずである。そうはせず、そこに十二日間留まったのである。メアリは迷いの中で彷徨うしかなかった。あれ程強さに憧れ、強さを求め、強さの象徴「マリゴールド」を心に抱いていたはずなのに、弱さが思わぬところで露呈し、それが致命傷となった。

二日後、四月二十六日にボスウェルはエディンバラに猛スピードで馬を走らせ、妻のジーン・ゴードンに離婚を申し立てるように手筈を整えた。彼女はすぐに嘆願書を提出した。ボスウェルはジーン・ゴードンが愛する夫などではなく政略結婚であり、結婚してから僅か十五か月しか経っていなかったので、離婚は簡単に認められた。

ボスウェルと志を同じくし、二人で両翼として女王を支えてきたハントリも、ここに至って、特に自分の妹を捨てて、自己の野望を追求するボスウェルから、少しずつ心が離れていったのは自然の成り行きである。

ボスウェルの背後で、反対勢力がすでに動き始めていた。その中心となったのはモートンであった。一時期はボスウェルと力を合わせれば、女王を守り、盛り立てていけると思っていたはずである。しかし、モートンは手のひらを返すように態度を変えた。

「アーモンド橋誘拐事件」の数日後、モートンたち反ボスウェル派がスターリングに集結した。

「皆で心をひとつにしようではないか。ボスウェル一人が飛び出して、女王に近づき、一人だけいい目に遭っている。我々は、一丸となってボスウェルをあの高みから引きずり下ろし、女王から引き離し、王子と国を守ることを目標にするのだ」

これら反逆貴族たちは、単にボスウェルに反旗を翻したのではなかった。真の目的は、最終的には女王をも退位させて、王子に摂政を立て、自分たちが実権を握ることであった。彼らは「同盟貴族」(コンフェデレッツ・ローズ)盟約を結んで、盟約書に署名した。モートンは続けて言った。

「我々が、女王とボスウェルの結婚を勧める『エインズリ盟約』に署名したのは、王殺しの犯罪者の臭いが消えない奴と女王が結婚することで、女王を王位から引きずり下ろす好機となるという推測の下であった。そのことを頭に置いての署名だったはず。そうではなかっただろうか?」

この件は、ジェドバラでメアリを死の淵から呼び戻した、あのフランス人医師の兄、後にメアリ

の秘書となるクロード・ナウが明確に記録している。(5)

メアリ女王はこれ程までに策略を練る貴族の真の姿を読み取る能力、奥の奥まで見通す洞察力にまだ欠けていた。女王は自分がことを行い、見る時は概して正直一直線であったから、相手の行動や言葉も、そのように正直に受け取ったのである。スコットランド貴族の多くは汚い、策略家たちであった。それに比して、女王やメルヴィルは、泥の中にすっと真っ直ぐに立って咲いた、清純な蓮の花であった。

五月六日、女王とボスウェルはエディンバラ城に入った。女王は精神的にも肉体的にも弱り切っていて、まともな判断力に欠けていたのかもしれない。今は王国を統治し、自分を導き守ってくれる、政治力のある人物はボスウェル以外にいないと感じていた。だから、ボスウェルと結婚する意外に道は見つからなかったのである。しかも、反逆貴族たちもこぞってこの結婚を認め、勧めたのだから。

メアリをよく知る僧侶は言うのだった。

「これ程美徳が備わり、勇気があり、高潔な女性には会ったことがない」

この美徳の女王も、運命には抗えず、巡り合わせに従うことを余儀なくされたのであった。五月十二日には、女王との釣り合いを考慮して、ボスウェルに高位を与える儀式が執り行われた。ボスウェルはオークニ公爵、シェットランド卿に叙され、二日後に婚因誓約書に署名した。

メルヴィルは、結婚式には出席しなかったフランス大使デュ・クロに報告した。

「五月十五日、ホリルード宮殿の大ホールで、プロテスタントの儀式で行なわれました。出席者は少なく、質素な式で、祝婚の仮面劇もなければ、舞踏会もなく、正餐があっただけです。お祝いする気分になれないのは当然かもしれません。何もかも無理をし、大急ぎで行なわれ、女王は前王を失ってまだ三か月あまり。ボスウェルの元妻も夫の野望から離婚に追いやられました。人々を犠牲にして、人々の悲しみを土台にして、良いことが起こるか疑問です」

メルヴィルが予告したとおり、結婚式の数日後にはすでに二人の歯車はガタガタとずれ、メアリは惨めな気持ちに追いやられた。

「死にたい、ああ、死ねたらいいのに」と口籠もる女王の声が、周囲に聞こえた。女王は信頼するカトリックの司祭レスリに心を開いて、滝のように涙を流しながら言った。

「私は自分がしたことを深く後悔しています。特にプロテスタントの儀式で結婚式を挙げてしまったことです。何もかも取り返しのつかないことをしてしまいました[6]」

女王は、信頼している馬係の廷臣、アーサー・アースキンに頼んだ。

「自殺するから、ナイフを持って来てくれませんか」

「何ということをおっしゃるのですか。とんでもないことです」

「では、フォース湾で溺死します[7]」

メアリは人生の歯車が大きく狂ってしまって、どこで、どう修正していいのか分からなくなった。

女王が統治するに当たっての必要性から渋々受け入れた、強引なボスウェルであったが、いざ結婚したら随分自分勝手に動いていることに落胆した。ボスウェルは元の妻を未だにクライトン城に住まわせていて、手紙を書いたり、会いに行ったりしているのを、メアリは知っていた。フランス大使デュ・クロは本国への手紙の中で、自分の観察したところを述べた。

「意地悪く聞こえるかもしれませんが実際のところ、ボスウェルは女王より元妻のジーン・ゴードンの方を愛しているようです」

間違いなく、メアリ女王を悲劇のどん底に突き落としたのは、ボスウェルとの結婚であった。たった一つの判断の誤りで、悲劇の連鎖が始まるのであった。メアリ女王が、多くの人から王殺しの犯人と信じられている人物と結婚したことで、女王の名声、名誉は汚され、うまくいきかけていたイングランド王位継承権の話も水の泡となり、暗い未来だけが目の前に大きく立ち塞がってきたのである。あれ程高い教育で磨かれ、美徳や慈愛に満ち、女王道もしっかりと身につけていた上に、洗練された美しい女王だったのに。窮地に追い込まれても決然として立ち上がり、勇敢に行動する決意と情熱を持つ女王だったのに。

しかし、度重なる悲劇、反逆貴族たちの利己的な、しかも暴力的な振る舞いに立ち向かえる体力、気力そして判断力も弱り切っていた時に、救ってもらえるかもしれないという幻想に導かれて取った行動が、この結婚であった。その報いが、恐るべき力でメアリを襲ってくるのであった。もはや止める術がなかった。

メルヴィルは、メアリ女王と現状を話し合った。

「女王陛下、ボスウェルには敵が多過ぎます。モートンと仲違いをしましたし、両雄だったハントリとも心が離れてしまいました。かつて陛下の補佐として活躍したメイテランドとも嫌悪する仲になりましたね。確か、ダンバー城で陛下の面前で、メイテランドが激しく批判し、ボスウェルは激昂して危うく彼を殺すところだったそうですね。ボスウェルは多くの貴族を敵に回してしまいました。一方、反ボスウェルの『同盟貴族』たちは、その数をどんどん増やしているそうですよ。女王陛下、油断は禁物です」

六月六日、ボスウェルはいち早く危機を察知して、メアリ女王をホリルード宮殿からボースウィック城へ連れ出した。しかしここでもすでに安全ではないと分かると、ボスウェルは一人、いったんこの城から逃げ出した。女王は反逆貴族たちに包囲され、罵詈雑言を浴びせられたが、以前侍女たちと一緒に男装をして夜のエディンバラの街に繰り出して楽しんだこともある、得意の男装をして目を欺き、やっとの思いで脱出することができた。メアリはボスウェルと一緒にダンバー城に逃げ込んだ。

第十章　消えた決闘

メアリ女王はダンバー城に着いたものの、持ち物はほとんど持ち出せなかった。借り物の衣装で身を包むと、普通の市民にしか見えなかった。赤いペティコート、襟付き胸飾り、帽子にマフラーという格好であった。女王はいざという一大場面に直面する時、赤いペティコートや赤いスカートを身に着けることが何度もあった。メアリにはなにかしら赤い服のイメージがつきまとう。

六月十五日、日曜日、午前五時にはメアリとボスウェルは戦いの覚悟を固め、戦場近くの道路に出ていた。二人が五月十五日に結婚式を挙げてからちょうど一か月目であった。ボスウェル率いる王立軍は、スコットランド国旗である、青地に白の斜め十字のソールティアと呼ばれる旗と、前足を上げ立ち上がった赤いライオンの旗を軍旗として掲げていた。敵方のモートンたちが率いる軍が掲げていたのは白地に緑の木、その下にダーンリが横たわり、前には王子とおぼしき幼子が跪いている旗であった。

燃えるように暑い初夏の日、エディンバラの東方十四〜五キロメートルのカーベリ・ヒルに両軍相対して陣取った。カーベリ・ヒルはなだらかに起伏する開けた森の中にあって、高台からは、マッセルバラの町を望むことができた。敵方にはモートン、アソル、マー、グレンケアン、リンジィ、ルースヴェン、グレインジ等を中心に約四千人のよく訓練された兵士がいた。王立軍もほぼ同数の兵士を集めてはいたが、勢いに欠けていた。士気の低い、素人の兵士で、特に騎兵は軽武装で、都合によってはいつでも逃げ出す魂胆がある程度の者たちであった。

フランス大使デュ・クロは、エディンバラから反逆貴族たちに同行してカーベリ・ヒルに着いた。両軍の交渉役となって、何とかして女王軍が武器を取って戦うのを防ごうと力を尽くした。何度も両軍の間を行き来したが、遂に埒があかず、その場から引き下がってしまった。

そうこうしていると、敵軍からカークコーディ・オブ・グレインジが代表として女王軍の所に来た。この時の状況を、クロード・ナウが記録している。グレインジが言った。

「話し合いを要求します」

女王は、口調荒々しく彼に質問を浴びせた。

「あの人たちは私に反旗を翻し、武器を持って現われたではないか。この行為は臣民のものなのか、それとも敵としてのものなのか、それに何の目的なのか」

グレインジは答えて言った。

「ここに参りましたのは、最も忠実で服従の志に満ちた臣民としてなのです。亡きダーンリ王殺害に対する正義の追求以外は何も求めてはおりません。ボスウェルに対して、国王殺害の罪を告発します。我々に彼を引き渡していただきたい。また女王陛下は彼の元を離れ、本来居られるべき場所、地位へ戻っていただきたいのです(8)」

謀反人たちの話のつじつまが合わない。彼らこそがダーンリ王殺害の奸計を企てた者であって、クレイグミラー城での王殺害の盟約書に、ボスウェルも含めて署名した者たちである。かつまた、女王とボスウェルとの結婚を勧める「エインズリ盟約書」に署名した者たちでもあった。だから、彼らが欲しているのは、女王の王冠を奪い、スコットランドの統治権を手に入れることであった。

メアリ女王はまだ事態を正確に掴めてはいなかった。

「私がボスウェルと結婚したのは、主要貴族が皆そろって同意したからこそ。私に反逆してここに集まっている多くの者たちの同意があったからこそ。もしその告発のことをはっきりと知らせてもらっていたら、結婚はしていなかったはず。だから、ボスウェルが告発されている罪が証明されるまでは、彼を助けなければならない。ダーンリ王殺害の状況を精査し、有罪が判明したら厳正に処罰するつもり(9)」

しかし反逆貴族の中心人物、モートンこそが主犯の一人であって、罰せられるべき人物なのであった。

膠着状態の中、敵軍の代表、グレインジが再び白旗を掲げて王立軍の所に来た。

「一対一の勝負を要求する。私が相手をする」

するとボスウェルは軽蔑するように言った。

「お前では身分が低すぎる。モートンを寄越せ」

ダーンリの親戚、リンジィが答えて言った。

「モートン伯爵は年長すぎる。私が代わりをする。さあ、一騎打ちだ」

すると、リンジィはモートンから手渡された一家の名刀をしっかりと握り締め、前に出た。ちょうどその時だった。

「殺し合いはもうたくさん。争いは止めにするのです」

メアリ女王は二人の前に出て、一騎打ちを止めた。一瞬にして張り詰めていた緊張の糸が緩んだ。

七年程前に、母親で摂政のメアリ・オブ・ギーズがスコットランドおよびフランス軍とイギリス軍の戦いを、直前で止めさせた状況を我々は思い出さずにはいられない。

かくして、王立軍は戦うことなく、この対立に幕が下りた。グレインジが仲介役となって、両軍は協定を結んだ。

「ボスウェル、行きたい所どこにでも行くが良い。身の安全は保証する。女王陛下にはエディンバラに戻っていただき、丁重に処遇されるようお取り計らいいたします」

グレインジはボスウェルの手を取り、ここを去るように勧めた。ボスウェルは別れ際に、女王の手をしっかりと握った後、「ダーンリ殺害盟約書」を手渡し、大事に持っておくようにと言った。

「メアリ、よく見ておくがいい。今敵陣にいるモートン、グレインジ、リンジィ、バルフォー、皆この盟約書に署名したやつだ」

数人の従者だけ連れ、ボスウェルはダンバー城に向けて馬に乗って去っていった。これが最後でもう二度とメアリに会うことはなかった。僅か一か月の結婚生活であった。メアリ女王はすでにボスウェルの子を宿していた。

メアリの世界がガラガラと音を立てて崩れていった。自分を支える最後の人物だったボスウェルは去り、周りの主要な貴族は奸計から奸計を続けて、女王は薄々気付いていたものの、これ程までに腐敗しているとは知らず、メアリの心にあった信頼という箱は空っぽになってしまった。

女王は敵の陣営に行き、モートンに面と向かって強い声で言った。

「モートン、これはどういうこと？　全ては国王殺害者に対する正義を行うためと聞いていた。それなのに、あなたがその奸計の首謀者とは！」

「さあ、さあ、ここはそのようなことを話し合うべき所ではございません」

と言いながら、女王の後ろにこそこそと引き下がった。(10)

女王はカーベリ・ヒルの小高い丘を馬に乗って、ゆっくりと下りていき、後ろにはメアリ・シートンが忠義深く、馬に乗って付き従った。女王が連れて行かれる先は、エディンバラ城でもホリルード宮殿でもなく、例のダーンリ殺害計画が立てられたクレイグミラー城であった。道中、初めは丁重に扱われていたものの、すぐに反逆貴族の家来たちが、口汚く女王をののしり始めた。

「売女を焼け！　女殺人者を焼き殺せ！」

女王は怒りを抑えきれずに、ボスウェルと果たし合いをすることになっていたリンジィを呼び寄せ手を差し出すと、彼は女王の手を自分の手に取った。女王は怒鳴った。

「あなたの中に今あるこの手で、首をもらう！[11]」

夕方近く、クレイグミラー城に着いた。女王の髪は乱れ、服もダンバー城に逃げ込んだ時のままであった。泥で汚れたあの赤いペティコートをまだ着ていた。部屋を与えられたが、警備の者たちが見張っていて、自由はすでに奪われてしまっていた。恥知らずの兵士がいて、女王の部屋から去ろうとしないので、女王は着替えることもできず、そのまま一夜を明かした。手紙を書くことは許されたので、メイテランドに宛てて書いた。

「あなたに会って話したい。これら反逆貴族たちの意図は何なのかを、詳細にわたって教えて欲しい。彼らはカーベリ・ヒルで交わした約束を全く反故にして、忠実な臣民として振る舞って等いない」

翌朝、部屋の窓から女王は外を見ていた。町の人々は大勢窓の下に集まって来て、廷臣たちに抗議した。

「女王陛下は、お姿も乱れ、疲れて、やつれておいでで、苦しんでいらっしゃるご様子。何とかして差し上げないといけないでしょ。気の毒でたまりません[12]」

これに気付いた貴族たちは、空々しい顔つきで、聞き心地の良い言葉で言った。

「心配はご無用です。陛下を束縛するつもり等毛頭なく、これからしっかりとお世話をさせていただくつもりです」

フランス宮廷で最高の教育を受け、洗練され、詩人たちから「美の女神よりも美しい」とその美を絶賛されたメアリ女王は、今、泥で汚れ、裂けた赤いペティコートに身を包み、髪はだらしなく垂れ下がり、身も心も人生のどん底に突き落とされていた。

メイテランドは女王からの呼び出しを初めのうちは無視していたが、町中で恩知らずの秘書に対する非難の声が高まっているのを知ると、女王の元に来た。メアリは口を開いた。

「メイテランド、何よりもまず、私はなぜこのようなひどい扱いを受けているのかを、説明して欲しいの。どうして?」

「それは、ダーンリ王殺害に対して要求される正義の行使を、女王陛下が妨げられるのではないかと貴族たちが恐れているからです。この目的が完全に成し遂げられるまでは、このように拘束されるのです」

クロード・ナウはこう記録に残している。

王殺害の取り調べで、何よりも同盟貴族が恐れているのは、自分たちの犯した罪への告発であった。だからボスウェル一人に全ての罪を負わせ、その犯人と結婚するようメアリ女王に勧めた上で、その女王を共犯の罪で告発するという策略を立てたのであった。実にメイテランドこそ、王殺し計画の創案者であった。女王が真犯人を見つけ出し訴訟に掛けるという意図が、真っ当だと彼らは分かっていた。それなのに、自分たちの犯罪をこの女王に負わせるとしたら、彼らは浅ましい限りの卑劣漢であった。

午後九時、女王は告げられた。

「陛下のお住まいはホリルード宮殿とすることが、枢密院顧問官たちによって決定されました」

その言葉どおりに一応ホリルード宮殿に連れて行かれはした。しかし、それは一時のことであった。女王が宮殿に着いた時、女官たちは驚いて、狼狽えた。

「女王様の乱れた御髪、汗と泥で汚れた見慣れぬ御着物、どうなさったのでしょうか。お食事をすぐにお持ちした方がいいのかしら」と話している最中に、モートンが姿を現わした。

「食事などする暇はない。すぐに馬に乗ってもらう。女官二人だけは同伴してもよろしい。ただし急いでもらいたい」

メアリは話が違うと思ったが、今何が起ころうとしているのかも分からず、ただ憔悴しきっていて、抗う気力も体力も失せていた。身の回りの物など何も準備する時間を与えられず、慌ただしく夜具だけを持ち出すことができた。

この時刻にホリルード宮殿に連れてこられたのは、人目を避けるための、同盟貴族側の時間稼ぎであった。女王はカーベリ・ヒルを下りる時からすでに彼らの囚われ人となっていたのである。今、またさらに監視を厳重にするため、陸から離れて湖に浮かぶ小島の小さな城で、監視されながら暮らすものに向けての旅路となるのであった。女王の道中の警護に当たったリンジィとルースヴェンは、明かり一つない夜道を急がせた。夜着にマントを羽織った女王は不安を抱いて、フォース湾を渡し船で渡り、ファイフに着いた。そこからキンロスの湖に浮かぶロッホ・リーヴン城へと向かった。

第十二章　王冠喪失

一五六七年六月十七日、火曜日、朝日が昇って間もなく、メアリ女王たちはキンロスにあるリーヴン湖の岸辺に着いた。大きく手を広げた緑の葉に落ちた一滴の露のように、その小さな城は緑に囲まれて、リーヴン湖に浮かんでいた。小舟でしばらく行くと、すぐに城がその四角い形を現わした。ロッホ・リーヴン城の城主やその弟たちが、女王を出迎えた。

この日を境に、メアリ女王の人生は、崖を転がり落ちる石のように、緊張と強度と幸運と悲運とが一つになって急展開していく。

歴史は、それを語る人の立場、属する党派、掲げる理念等によって異なった筋書きになることは大いにありうる。しかもスコットランド人の女王・メアリのような悲劇的な人生を描く際には話を歪曲させて、特にヴィクトリア朝の伝記作家たちが行ったように、センセイショナルな物語に創り上げる傾向がある。現代の歴史家の間でさえ、メアリ女王に対する評価は分かれている。「夫殺しをした女王」などと簡単に取り扱うことさえある。

しかし、女王の性格、置かれた状況、事実関係を詳細に追っていけば、正鵠を射ることができる。

ロッホ・リーヴン城の城主はウィリアム・ダグラスである。彼の父親はロバート・ダグラス、母親はレイディ・マーガレット・ダグラスであった。レイディ・ダグラスはメアリ女王の異母兄モレイの母親でもあり、女王の亡き父ジェイムズ五世の愛人でもあった。彼女は自分の息子モレイが嫡出子でないため王になれず、メアリを恨んでいた。

若き城主ウィリアムには、ジョージという弟がいて、ジョージは容姿が優れていることから「美貌のジョーディ」と呼ばれていた。その下には、ウィリという名の青年がいたが、素性が不明確であった。どうも城主の私生児らしく、「みなしごウィリ」と呼ばれていた。

城主ウィリアムはメアリをこの四角い塔になっている城の一室に通した。

「ここが、女王陛下のお部屋でございます。壁掛けも家具もありませんが、お許しください」

「私には何がどうなっているのか、全く分かりません。ここが私の部屋と言われるのなら、そうなのでしょう」

この四角い塔は、十四世紀の建物で、周囲はカーテン・ウォールと呼ばれるがっしりとした石の塀が巡らされていた。五階建てで、一階は貯蔵庫、二階は台所、玄関は外階段を上った三階にあって、そこを入ると大ホールがあり、上の階には寝室等があった。城主ダグラス一家が暮らしていたこの城に、女王が囚人として加わったのである。女王には二人の侍女と一人の料理人、一人の侍医が許された。

ここへ至る道中の警護を託されたリンジィとルースヴェンが女王の監視役となって、自由を拘束したのである。女王はしばらく話すことも食べることもせず、生きる気力さえ失ってしまった。

しかしどんな境遇であろうと、人間が生きている限りそこには生活があり、他者との接触から生じる綾とも言うべきものが、自らそれと意識しなくともいつの間にか出来上がってくる。そんな綾が後にメアリ、ジョージ、ウィリを結び付けたのは、人生の妙である。だがその三人の繋がり合った綾ができ上がるまでは、女王の苦悩は計り知れなかった。

このように人生のどん底に落とされてもなお、女王の美しさ、慈悲深い内面的な優美さは消えることなく備わっていた。遂に監視人のルースヴェンは目が眩んでしまい、朝四時頃女王のベッドの足下に身を投げ出して言った。

「メアリ、私を愛して欲しい。そうしたら自由の身にしてあげますから」

女王は驚き、憤った。

「ルースヴェン、無礼にも程がある。私は確かにこのようにひどい状況に置かれてはいるが、れっきとした女王ですよ。自由な罪人になるよりは、潔白な女性として永遠に牢獄にいる方がましよ」

女王の体調は悪く、遂にボスウェルとの間にできた双子を流産してしまった。下血もひどく、べッドにぐったりと横たわっている時のことであった。

一五六七年七月二十四日、午後、リンジィと恥知らずのルースヴェンが二人の公証人とロバート・メルヴィル等を連れて、女王の居室に入って来た。リンジィが荒々しい命令口調で言った。

「この三通の書類に署名をするのだ。一通は王冠と王国統治をジェイムズ王子に譲ること、二通目は王子幼少の間モレイが摂政を務めること、三通目はフランスから帰国してモレイが実権を握るまでの間、モートンおよび他の貴族たちが中継ぎの摂政を任命することとなっている。さあ、署名するのだ」

「何のことかさっぱり分かりません。なぜ私が王位を譲らなければならないのでしょう。とんでもないことです。そのようなことはきっぱりと拒否します。さっさと私の部屋から出て行ってください、顔も見たくない」

メアリは剣を突きつけられ、命さえ危ないような状況であった。一説では、その場にいたスロックモートンが、剣のさやに「命のため署名するように」と走り書きしたものを付けて、女王に見せたという話がある。リンジィの話では、「もし女王がこれらの文書に署名しない場合は、女王を城から連れ出し、湖を渡る時に投げ捨てるか、もしくは秘かに海の真ん中にある島に連れて行き、そこで世間に知られずに死ぬまで監禁するつもりであった[13]」

女王は仕方なく意志に反して署名をせざるを得なかった。メアリは心の中では、「これは私の意志に反して強制されたもの、だからいつか神が自由の身にしてくださった時には、神だけが与え、奪うことができる女王の座を取り戻そう」と決意した。

王位譲渡の書類に署名した後、女王は監視の目がさらに厳しく届く、中庭の南東の隅に立つ「グリシン・タワー」と呼ばれる三階建ての円形の塔に移された。しかし、中庭を散歩したり、ダンスをしたり、音楽を奏でたり、刺繍をするのは許された。城主の長女や姪は女王の優美さに憧れ、すっかり虜になった。城主の弟「美貌のジョーディ」も「みなしごウィリ」も皆、女王に惹かれ、女王のためならどんなことでもする気になっていた。

一方、恩知らずで誠意のかけらもない、利己的なモレイが再び速度をあげて動き出していた。フランスに逃亡していたが、女王が幽閉されたことを耳にするとすぐに、フランス王・チャールズ九世やロレイン枢機卿の所に出向いた。

「メアリ女王が大変な状況に陥っておられると伺いました。あってはならないことです。すぐにもスコットランドに戻りまして、私にできる限り、あらゆる手を尽くして女王を幽閉の身から解くよう努めます。女王が権威を取り戻し、全てを元の正しい秩序に戻すことをお誓い申し上げます」(14)

フランス側は、モレイにメアリ女王解放に向けての、この先の尽力に報いるため高価な贈り物を与えた。

しかし、モレイがスコットランドに戻って行なったことは、フランスで誓ったのとは真逆であった。彼の心の中では、何とかして女王を闇に葬る謀略がぐるぐると慌ただしく渦巻いていた。メアリの命さえ奪い、彼女を悲劇の底へ突き落としたかった。女王の命を狙う計画は、さすがに仲間の貴族たちも受け入れることはできなかった。だがモレイは自分が権力を握りたかったので、どんなことがあっても、異母妹メアリ女王を王座に返り咲かせるのは、全力で阻止しようとした。

女王がこの署名を強制されてから五日後の七月二十九日、生後十三か月余りのジェイムズ王子が王位を正式に継承する戴冠式が行なわれた。スターリング教区のプロテスタント教会で、王子に代わって、モートンが戴冠式での宣誓を代読するだけのひっそりとしたものであった。

この日、ロッホ・リーヴン城では祝砲が放たれ、庭の至る所に松明が灯され、城主は庭でお祭り騒ぎをした。女王は自分に優しくしてくれるウィリに尋ねた。

「ねえ、ウィリ、なぜ庭でお祭り騒ぎをしているの。あんなに騒がしい音を立てて、何があったというの」

「メアリ女王様、ジェイムズ王子が、スコットランド王になられたお祝いです」

メアリは一人になると、自分の部屋の真ん中にあるテーブル近くで跪いて、長いこと泣きながら、神に祈りを捧げた。

モレイはフランスから戻って数日後、ロッホ・リーヴン城にメアリ女王を訪ねた。まだ正式に議会で摂政として承認されてはいなかったが、そのように振る舞い、周囲も彼を「閣下」と呼び始めていた。

モレイがメアリを庭に誘った。

「メアリ、今一番心に掛かっているのは、君がボスウェルと結婚したことだ。国民は、王殺しの男と女王が結婚したことで、不満を抱いているだけでなく、女王もまた、この悪事の共謀者ではないかと疑いの目を向け始めているのだよ」

「私の身は潔白です。だから、議会で証言させて欲しいとお願いしているではありませんか。反逆貴族たちが私を陥れるために、偽りの話を使って宣伝活動をしたようです。身に覚えのない誹謗中傷の犠牲になっています。だから、法の下に自分を差し出して、厳正な取り調べ、訴訟手続きに基づいて真実の判断を仰ぎたいと望むのです。現存する法律で、言い分も聞いてもらえずに有罪にする法はありません。私にとって命より大事な名誉に関わることです。国民の女王である私に、正義が行われるのは当然のことです[15]」

モレイは、このような女王の要請も無視して、応じることはなかった。メアリを追い詰めたい一心であった。

メアリ自身は常に、普通の人々や苦しんでいる人々が正当な扱いを受け、平等に裁かれているかを気に掛けていて、ジェドバラの巡回裁判へもたびたび出掛けた程の良心の人である。使用人たちが仕事に見合う報酬を受けるように気を配り、進んで寸志さえ与える程、国民に対して優しく、思い遣りのある女王であった。その女王が、何という不当な扱いを受けているものかと、女王側の人々は嘆いたはずである。女王にとって命より大切なのは名誉である。その名誉がずたずたに切り裂かれようとしていたのである。

メアリは、欲得でのみ動く粗野な、荒くれた外の世界から、自分の内面の静かな世界にしばし沈潜していたいと思った。混乱した外の世界から自分をしばし切り離して、冷静さを取り戻そうと努めた。神への信頼を改めて自分に言い聞かせもした。今与えられているこの試練は一時的なもので、ちょうど溶鉱炉で不純物を焼いて除去した後、輝く純金が姿を現わすように、自らの美徳もこの幽閉生活を耐えることで、輝き出すとの思いを自分自身に呼び戻そうとする姿が、女王自身の言葉で、『ロッホ・リーヴンでの内省　一五六七〜八？』に記されている。

「ああ！　我が魂よ、あなたの罪故に神がこれを許してくださっているのだから、あなた（魂）を清らかにしてくれる杖《じょう》（ロッド）にキスをしないことがありましょうか。永遠の炎で燃やされる怒りの的にされるのではなく、束の間の苦しみであなたを懲らしめる、限りなき慈悲を敬慕しないことがありましょうか。これはあなた（魂）の美徳を証明するために降りかかったことなのです。偉大な精錬師が純金を輝かせるように、あなたの不純物を取り除いてくれる溶鉱炉を通過するのを恐れるのですか。我が心よ、なぜそんなに悲しいのですか。それは自由を、もしくは宮廷の楽しみを奪われたことでしょうか。今瞑想と愛の翼を広げ、このリーヴン湖の空高く昇り、この島を取り囲む海の向こうへ飛び、そして神から与えられた魂には牢獄等ないということ、全世界は、魂を自由にする術をご存知の神に属するということを知りなさい(16)」

メアリは精神の、魂の自由をしっかりと認識していた。心の置き方次第で、現在の苦境も切り抜けられる術を持っていた。

現実の世界で起こっていたことは、強欲なモレイが女王の所有物を次から次へと自分の物にし、特に宝石の多くを横領した。その一部は、後にエリザベス女王に売ったりもした。三連の見事な真珠のネックレスは、エリザベス女王の手に渡り、有名な真珠となった。メアリの宝石の中で特に貴重なものは、代々のスコットランド王から受け継がれたものよりも、最初の夫フランシス二世と義父ヘンリ二世から贈られたものであった。その中にはすでにスコットランドの王冠の宝石と一緒に、冠を飾っている宝石もあったが、最も大切な宝石は息子の王子に継承させたかった。(17) メアリが大事にされ、愛され、フランス宮廷の華として一番輝いていた時の思い出がぎっしりと詰まった宝石だったのである。

金糸銀糸の刺繍で豪華に飾られた美しいドレスの数々を含めて、ホリルード宮殿からも、エディンバラ城からも、女王の家具、タピストリ、ベッド、銀器、衣類、馬に至るまで大量の財物が、反逆貴族によって持ち去られてしまった。

このような状況の中、貴族の中には国の習慣に従って、以前女王から賜った贈り物を返す者がいた。メイテランドが返した物は、小さな卵形をした金の飾り物であった。それにはイソップのライオンとネズミの寓話がエナメルで装飾されていた。猟師の網に捕らえられたライオンを、以前命を救われたネズミが、恩返しに網を噛み切ってライオンを救った話である。メイテランドは、あの四人のメアリの一人、メアリ・フレミングと結婚し、夫婦共々女王から多大な恩恵を受けてきた。だから、苦境に置かれた女王を助けることで、恩返しができたはずであるが、二人にはその度量も共感力も実行力もなかった。

さて、女王がロッホ・リーヴン城に幽閉されている間、夫のボスウェルはどうなっていたのであろうか。一度は女王を救出すべく兵を集めようとしたが、悪名が災いして、また同盟貴族の手によって財産、称号など全て剥奪の身となってしまっていては、兵を集めること等できる状態ではなかった。

女王との結婚前に与えられたオークニ公爵の称号を持ち、オークニ城の城主であれば、足がスコットランド北部のオークニ、シェットランド諸島に向くのは自然の成り行きかもしれない。ボスウェルの宿敵グレインジは、ボスウェルをオークニ諸島まで追いかけて来たが、何とか逃げおおせた。ボスウェルはノルウェー沿岸まで来た。しかし海賊行為のかどで、ベルゲンへ連行された。そのベルゲンで元の愛人で、結婚まで約束していながら見捨ててしまったノルウェー人貴族の女性、アナ・スロンゼンの親戚の者に出会い、金を借りたままの人たちにも出会ってしまった。ボスウェルは逮捕され、ベルゲンからデンマークに移され、監禁された。

当時、デンマークはフレデリック二世の統治下にあった。王はボスウェルに頼むような口調で話した。

「ボスウェル伯爵、実は私には念願があって、今スコットランドの領有となっているオーク諸島とシェットランド諸島を、我が国に取り返したいと思っている。力を貸してもらえないか。もともとはデンマークの国土の一部だったのだが、一四六八年に、クリスチャン一世が、娘のスコットランド王ジェイムズ三世との結婚に持参金として渡したものなのだ」

「私にできることは力を尽くしましょう。ついては、私の方でも、陛下のお力をお借りしたいのです。兵を挙げ、メアリ女王を救い出し、女王の座に返り咲かせたいと願っております」

このような訳で監禁状態(デンマークでのボスウェルの状況は、歴史家ジョン・ガイが詳しく描写している)とはいえ、ボスウェルは王からかなり優遇された。しかし、やがて王は、ボスウェルがダーンリ王殺害の罪を負っていること、メアリが王座に返り咲く見通しが立っていないという情報を手に入れると、ボスウェルへの処遇は手のひらを返すように変わった。ボスウェルはドラッグサム城に収監され、鎖で繋がれ、気が狂って死んだ。一五七八年四月四日、四十代半ばであった。

死の床でボスウェルはダーンリ王殺害について、メアリ女王は全く関わっていないし、その謀略に気付いてさえいなかった、責任は全て自分にあると告白した。その告白は書き留められ、フレデリック二世からエリザベス女王へ送られ、いったんはイングランド王家の図書室に保管されたものの、後に行方が分からなくなってしまった。

この「ボスウェルの告白」は、何人かの人々に重みのある影響を与えることになった。

その一人はダーンリの母レイディ・レノックスである。事件後はメアリを恨み憎んでいたが、この「告白」によって、メアリが無実であることを知り、メアリに対する思いはがらりと変わり、愛しい気持ちを取り戻した。和解の印としてメアリに、自分の灰色の髪の毛と絹糸を混ぜ合わせて、ポイント・トレス（髪の毛のレース）と言われる繊細なレース刺繍をメアリに贈った。(18) それは醜い人間関係に疲弊していた女王の心に柔らかな明かりを灯すことになったであろう。

話を元に戻そう。

ロッホ・リーヴン城に幽閉されているメアリ女王は、フランス駐在のスコットランド大使、ビートン大司教やフランスの義母キャサリン・オブ・メディチに手紙を書き、助けを求めた。エリザベス女王にも、自分が置かれた惨状を激怒する手紙を送った。エリザベスは、メアリに同情する気持ちをセシルに伝えた。

「香油を塗られたスコットランド女王（アノインテッド・クイーン）が、このような形で監禁され、王冠まで剥奪されたとは信じ難いことです。あってはならないことです。同じ立場にいる女王として、許せないことであり、場合によっては私にも起こり得ることを考えると、とても他人事とは思えません。私は兵を挙げてでもこの状況を打ち破り、彼女を救い出したい気持です」

セシルは言った。

「お言葉ですが、私はそうは思いません。安全、お国の安全、我が女王の安全こそが最も重要でございます」

エリザベスは、メアリの復権を望んでいた。しかし、エリザベスとセシルの間には考え方に違いがあり、イングランド王座の安全を最優先させるセシルには、メアリの難局は好機であった。イングランド宮廷で一番の実力者セシルの頭の中には、すでにメアリ抹殺の構図が出来上がっていて、どんな小さな機会も逃さない決意であった。メアリはこのイングランドの奔流に流され、どんなに抗ってもそこで溺れるしかない深みにはまっていくことになる。

一五六八年五月一日に、メアリはエリザベスに十か月にも及ぶ幽閉生活のこと、いかにモレイが自分の所有品を奪い取ってしまったか等々を綴った手紙を送った。皮肉にも、正にその同じ日にエリザベスは、メアリの比類なきあの真珠をモレイから見せられていた[19]。

ロッホ・リーヴン城で決定的な事態が起ころうとしていた。城主の弟「美貌のジョーディ」ことジョージは、以前は年の離れた異父兄モレイを父のように慕っていた時期もあった。しかし、麗しく心優しいメアリ女王に対する恩知らずで、罰当たりな態度を目にするにつけ、モレイに対して嫌悪感を持ち始めていた。メアリが強制的に王位を奪われる場面も目撃していたジョージは、何とか女王を助けたいと決意していた。何よりもジョージは、九歳も年下ながら女王へ恋心を抱いていたのである。できれば結婚したいとも思い始めていた。

一回目の逃亡計画が練られた。幽閉から九か月目の一五六八年三月二十五日、女王は洗濯女に扮装して舟に乗り、島から対岸までの中間点ぐらいまで来た時、船頭が女王だと気付き、城に戻された。この件は内密にしてもらい大事には至らなかった[20]。

しかしこの出来事も含めて、ジョージと城主ウィリアムとの間に亀裂が入り仲違いをし、ジョージは城を出ることになった。モレイは城主に、ジョージに二度とここに足を踏み入れさせてはならない、もしそれが守れない場合は、首を切り落とすと脅した。ここに至って、ジョージの女王救出への執念にいっそう火が付いた。ジョージは兄である城主に願い出た。

「ウィリアム、僕はスコットランドを離れてフランスに行こうと思っている。家族に別れを告げたいし、女王から紹介状を書いてもらいたい。だから城に入れてもらう許可が必要なのだ」

口実を作って城に入ったジョージはメアリに会った。メアリは現況を知らせる手紙を彼に渡した。

「ジョージ、あなたにとても感謝しています。実は今、レイディ・ダグラスは産後で、私の監視役としての目が緩くなっています。私にも幾分自由があるのです。ですから、彼女が産後快復する前に、急いで実行する必要があります」

「みなしごウィリ」は城と対岸とを繋ぐ舟の世話係をしていたが、女王に心が傾いていて、彼も救出計画に助力する気満々であった。

女王に味方する貴族もまだまだ残っていた。女王が気に入っていて、過去に何度も訪ねていたシートン邸の主人シートン卿はその中心的人物であった。ジョージは女王救出計画をシートンに打ち明け、女王手書きの手紙を渡した。紙もインクも許されていなかった女王は、煙突の煤でインクを作って書いていた。ジョージの計画は、女王がうまく湖を渡った後、湖の岸辺で武装した貴族や豪族たちと合流し、女王を引き受けてもらうというものであった。着々と城、湖、陸での準備が整えられていった。

エリザベス女王が、モレイから買ったメアリ女王のあの比類なき真珠を手に取って悦に入っていたその翌日、五月二日、メアリの救出計画が実行に移された。

夕食の前、メアリは自分の部屋へ戻り、侍女のものである赤いスカートをはいて、その上にマントを羽織った。またも赤い出で立ちである。城主と妻たちは夕食を摂るため三階の大広間に行った。十四～五歳位の城主の娘と姪は、いつもメアリと共にいたし、寝るのも一緒であり、女王に憧れを抱いていた。メアリはこの二人の少女から自由になるため、侍医の部屋となっている上の階に上がっていった。

「ドクター、恐れ入りますが、ここで少し祈りをあげたいので失礼しても良いでしょうか」

「どうぞご自由にお使いくださって結構です」

メアリは大急ぎでマントを脱ぎ、下女と同じような格好のフードを被った。一人の侍女も同じ格好をして、女王に従った。ウィリからの合図を確認すると、二人は大胆にも中庭を通り抜けることに成功した。女王と侍女が無事に舟着場に来ると、ウィリは二人を舟に乗り込ませ、船頭の座席の下に身をかがめさせた。ウィリは少し勝ち誇ったように小声で言った。

「他の舟は、係留用の鎖と留め具を皆木釘で動けないようにしておきました。家族が夕食を取っている最中に、テーブルの上に城の正門の鍵があるのに気付いて、門を出る時大砲の中に投げ入れてやりました。さあ、準備万端です(21)」

ボートは無事に向こう岸に着いた。メアリはジョージと他の貴族に出迎えられ、馬で三キロメートル程進むと、シートンと豪族や従者たちが待っていた。フォース湾を渡って、シートン屋敷の一つ、ニドリに着いた。そこで丁重にもてなされ、赤いスカートに下女の衣服から、女王にふさわしい衣装に着替えることができた。ここで一夜を明かしたメアリは、久しぶりの自由を胸一杯に吸い込んだ。

春の朝の柔らかい、少しひんやりする空気が漂う庭に立つと、庭の隅の薄暗い所にはブルー・ベルがいっぱいに固まって咲いているのが見えた。何本もの早咲きのシャクナゲの大木には、淡いピンクの花がぼんぼりのようになって木いっぱいに咲き誇っていた。

「ああ、晩春のこの香しい空気、あの薄紫の群生も、淡いピンクの塊が雲のように浮く姿も、何と美しいこと、小鳥のさえずりさえ、天上の音楽に聞こえるわ。自由って何と心地良いものなのでしょう。ジョージもウィリも皆さん、助けてくれて本当に、本当にありがとう。深く感謝します。これから先もずっと私に仕えてくれますね」

ウィリは死ぬまで仕え、ジョージもこの後引き続き十分に女王に奉仕した。

メアリ一行はニドリから、グラズゴウ近郊のハミルトンへ向かった。

第十二章　イングランドへ

女王一行は五月三日には、グラズゴウから十八キロメートル程のハミルトン家が勢力を握る地、ハミルトンに着いた。ここに十日程滞在して、奪われた王冠をどのようにして取り戻すか、味方の者たちと話し合った。女王はゆっくりと自由を楽しんでいる時間はなかった。ハミルトン家の当主が切り出した。

「女王陛下、私たちは兵を召集しなければなりません。何としても、強欲なモレイを打倒して、王冠を奪回しましょう。スコットランド西部のカトリックの実力者、ヘリーズ卿やマックスウェル卿たちが中心となって、女王陛下をお助けするつもりでおります」

「心強い言葉、感じ入ります。それこそが、今の私にとって最重要事項です。何としてでも王冠は取り戻さなければなりません。私の意志に反して、奪われたものなのですから」

重鎮アーガイルも女王支持に回ってきた。五月八日には、多くの女王支持者が集結して、作戦会議を開いた。戦いには、六千人近い兵士が集まると予想されており、女王は安全のためダンバートン城に入る予定であった。シャテルロ公爵の五男、若きクロード・ハミルトンが先陣の指揮に当たり、アーガイルが全体の指揮を執ることになった。ハミルトンは気迫がこもっていた。

「陛下、徹底的にやっつけてやりましょう。我がハミルトン家が摂政を仰せつかるところを、モレイに蹂躙されてしまい、腹の虫が治まりません。しかも何よりも、モレイが陛下の信頼を踏みにじっているのが許せません」

「私の異母兄ですが、私に敵対し憎しみの刃を向けるのですから、不本意ながら戦うしかありませんね」

一五六八年五月十三日、グラズゴウの近郊ラングサイドで、女王軍とモレイ軍が撃突し、「ラングサイドの戦い」が始まった。軍勢は女王軍の方がはるかに勝っていて、敵軍モレイ側はその半分程であった。しかし、運はモレイ側にあった。作戦会議に敵方に通じた人物がいて情報が流れたらしく、不意打ちを食らった。その上、女王軍を率いたアーガイルが戦いの日に体調を崩して、確かな指揮が執れなかったのは致命的であった。

それに対して、モレイ軍は武勇に優れたグレインジ指揮の槍兵たちが女王軍に襲いかかり、女王軍はこの猛攻撃に太刀打ちできず、敗走した。兵士の多くが殺され、負傷し、捕虜になってしまった。ハミルトンも負傷し、シートンも捕虜となった。

女王は作戦どおりにダンバートン城に入ること等到底できず、高台から惨憺たる敗戦の様子を見るばかりであった。できることは、ただ逃げるだけしかなかった。ヘリーズ卿とマックスウェル卿は女王に口早に言った。

「女王陛下、今すぐここから退避しましょう。南に向かいます。お覚悟はよろしいな！」

「分かりました。急ぎましょう。南へ、南へ、ですね」

スコットランド南西部のダンフリース州を目指して、長い赤褐色の髪を風になびかせて、全速力で馬を走らせた。ただ、真っ白い肌に光る赤褐色の長い髪はすぐに人目を引き、女王であるのが知られてしまう。途中、メアリ自身が愛しんだ自慢の髪を、躊躇することなくばっさりと切り落とした。

女王に付き従ったのは、ヘリーズ卿とマックスウェル卿を中心に、十八名程の貴族や豪族、従者たちだった。女王はどちらに向かって走っているのかもはっきりとは分からないまま、ひたすら百キロメートル程馬を走らせ続けた。ようやく馬を留めて野営の陣を張った頃には、女王は疲れ果てていた。

「ああ、走りずくめでしたね。頭も体もまだ走っているようです。夜になって、このように地面に横たわり、サワー・ミルクとオートミールだけをいただいていると、フクロウにでもなった気分です[22]。でも、無事にここまで来ることができたのはありがたいことです。皆さん、さぞお疲れのことでしょう。ゆっくり体を休めてください」

その後、ヘリーズ所有のコラー城へ、そこからマックスウェル所有のテリグルズ城へと向かって、ようやく一息つくことができた。

しかし、女王はテリグルズ城で重大な選択を迫られた——スコットランドに留まるか、フランスへ行って援助を求めるか、それともイングランドに渡って、エリザベスの助力を得るかであった。

メアリは主要貴族たちに、この先どうするかを考えあぐねていると伝えた。

「スコットランドに留まることは、今まで起きたこと、反逆貴族たちの権力欲、悪意、暴力等を考えると、あり得ない選択と思うのです。フランスでは、後少しで十八歳になる若いチャールズ王の下で、私には冷たい義母のキャサリンが実権を握っているでしょ。それにギーズ家も、もはやそれ程私に興味を持って強力に助けてくれる見込はないし、フランス行きは望ましい選択とは思えないのです。ですから、イングランドに行って、エリザベスの助けを求めるつもりです」

「女王陛下、イングランドへ行かれるのは大変危険です。それは避けられた方が良いかと思われます。我々スコッツに対して敵意を持っていますから」

メアリは考え抜いた末、一人で結論を出さねばならなかった。やはりイングランドに渡ると決めた。周囲から強い反対意見が出されはしたが、これしかないと決断した。

メアリの心の底に住み着いていたエリザベスとの協調、助け合いが二人の女王に利することになるという、幻想あるいは願望が、この危機の中で頭を持ち上げてきた。しかもずっと夢見てきたエリザベスの後継として、時宜を得ればイングランド王座にも就けるという考えが、まだ消えずに炎を燃やし続けていた。

メアリが若くして生命力に漲り、幸福の高みにいた時に、フランス王ヘンリ二世やギーズ家の野望が、彼女の魂の中に、最大の義務として分け入り、そこに居座ったのである。イングランド王位継承という深く染み込んだ願望が、逆に彼女の魂の一部を形作ることになったのである。

ヘリーズは女王に決心して言った。

「女王陛下、そのように決断されたのであれば、我々もそれに従わねばなりません。分かりました。すぐにカーライルの副知事に手紙を書いて、陛下がイングランドに避難される許可を申請致しましょう」

女王一行はテリグルズ城を出て、ダンドレナン寺院を目指した。赤褐色の長く美しい髪を短く切ってしまった今では、頭部をフードで隠して、さらに五十キロメートル程馬を走らせた。

スコットランド南西のダンフリース州にあるダンドレナン寺院は、十二世紀後半に、ちょうどロマネスク建築様式からゴシック様式に移行する過程で建てられた、シトー会派の寺院であった。(現在は外門、内門、塀等建築物の一部しか残っていないが、その遺構は当時の美しさと威容を想像するのに十分である。)

メアリはここで一夜を過ごし、まずエリザベスに手紙を書いた。

「私が今希望を託せるのは、神を除いて、姉エリザベス女王だけです。どうぞ救いの手を差し伸べてくださいませんでしょうか。できれば、お目にかかってお話しさせていただきたいと思います」

メアリ女王はかなり広い敷地の中庭を通って、自分の部屋の向かい側にある、石造りのロマネスク様式の優美なアーチをくぐり、三層になった翼廊の二階にあるチャペルで、残っている体力と気力を振り絞って祈りを捧げた。疲れ切ってはいたが、やはり祈りの後では心が安らいだ。

海鳴りは聞こえないとしても、ここはアイルランド海にすぐ手が届きそうな場所であった。この寺院は、メアリがスコットランドで過ごした最後の地となった。また再びスコットランドに戻って来ることはあるのだろうか。

翌朝、ダンドレナン寺院の庭の隅に、アザミの花がまだ固い蕾の中から、ほんの僅かに薄紫色をした頭の先をのぞかせていた。その午後、一五六八年五月十六日、日曜日、メアリ一行はソルウェイ海峡を望む港へ向った。ここから小さな漁船に乗って海峡を渡り、カンバランド州のワーキントンに着いた。四時間の船旅であった。とうとう、メアリは外国、イングランドの地に一歩足を踏み入れたのである。

ワーキントンの近くに、ヘリーズのつてで一泊し、女王はここでまたエリザベスに手紙を書いた。侍従の一人にその手紙を持たせてエリザベスの元に向かわせた。

「女王陛下、引き続きお便りさせていただくご無礼お許し下さいませ。この手紙には、以前陛下から頂戴したダイアモンドの指輪を同封致します。覚えていらっしゃいますか。私がハート形のダイアモンドをお贈りしたお返しに、いただいたものです。陛下はたいそうご親切に、『幾度であろうと、メアリ女王が助けを必要とする時は、私自らが赴くか、何らかの支援を送るから、その印として自分に送り返してくれたらいい』と書いてくださいました。今、その時が来ました(23)」

嬉しいことに、エリザベスはメアリが遣わした侍従に、この約束を保証してくれた。

「メアリ女王陛下を心から歓迎します。こちらでできる限り最良の受け入れと対応をするつもりです。心配はご無用です」

メアリは、エリザベスの力を後ろ盾にして、反逆貴族を何とか押さえ込み、スコットランド王座を取り戻そうという心積もりだった。

翌日、カンブリア州のコッカマスに一泊した。ここでメアリは手厚くもてなされ、黒のヴェルヴェットのドレス等も新調してもらった。ここからいよいよカーライル城に向かうことになった。この時のメアリには、自国を離れて、外国イングランドに足を踏み入れることがどういうことなのか、どのような結果が待ち受けているのか、推し量ることはできなかった。

イングランドでは、スコットランド女王をどのように扱ったらいいものかと迷っていた。少なくとも、エリザベス女王とその忠君セシルとの間で考え方に大きな隔たりがあった。エリザベスは、香油を塗られたスコットランド人の女王・メアリが幽閉され、王座を剥奪され、このような形でイングランドに逃亡せざるを得なかったこの事実を憂えた。

一方セシルには、エリザベス女王の安泰が最優先であり、危険の臭いが少しでもすれば、安全策を講じるしかなかった。メアリがフランスに助けを求めれば、それを好機にフランスがイングランドに攻め込んで来ないとも限らない。イングランド北部にはまだ多くのカトリック教徒がいるため、メアリの扱い次第ではプロテスタントとの市民戦争になる可能性さえあった。だから、イングランドとしては、じっくりと様子を見るために、とりあえずメアリ女王を監視しながらも、客人として扱うことにした。エリザベスは秘書に命じた。

「メアリ女王は身一つで命からがらに逃げて来られたのです。タフタの布地、ローン生地、サテン生地、それに黒いビロードの靴等も、箱に一緒に入れて送って上げてください。お気の毒なことです(24)」

メアリにとって一つ致命的な問題があった。それはダーンリの死を巡って、特にその首謀者、ボスウェルと結婚したことから起こった醜聞である。この醜聞を、モレイもセシルも、自分たちに利するように悪用した。この事態こそが、メアリをさらに惨めな状態に突き落とす大義名分として使われることになる。

実際にメアリ女王と関わるようになる人々は、彼女の美徳や魅力に強い印象を持ち、好意的に向き合うようになる。エリザベスは、自分の従兄であり、信頼のおける枢密院顧問官であるフランシス・ノリス卿をカーライルに派遣して、メアリの取り扱いと監視を依頼した。彼はプロテスタントでありながら、自分の目に映るメアリに好印象を抱き、エリザベスに報告した。

「メアリ女王は生まれながらにして賢明な女性、雄弁で、実践的な面での良い感性に溢れておられます。加えて、かなりの勇気をお持ちです」

ノリスがメアリをさらに知るようになると、彼の心証はいっそう好意的になった。

「メアリ女王は第一に、注目に価する女性です。それと言いますのも、ご自分の王位を認識される以外は、儀式張ったところがなく、身分にとらわれず誰とでも同じように、気さくにお話しになります。饒舌で、大胆で、楽しく、とても親しみやすいのです。ご自身が勇敢でいらっしゃるだけでなく、他者の勇敢さにも喜びを見出される方です[25]」

実際、五十代のノリス卿は、自分より三十歳近くも年下ながら、メアリ女王の魅力に雷に打たれるように打たれたのであった。だが、こんなノリスも、エリザベス女王から命じられたとおりに行動することしかできなかった。エリザベスはメアリに対して少なからず嫉妬を覚えた。

メアリは、エリザベスの宮廷に赴いて女王に会いたい旨、使者に託して表明していた。しかしイングランド宮廷からは、メアリの醜聞に結論が出るまでは迎え入れることはできない。またエリザベス女王の判断に身を委ねるのであれば、きっと解決すると言ってきた。メアリは落胆するのみであった。

雨水のしずく一滴一滴が大海に流れていくように、メアリは少しずつイングランドの政治力、言い逃れ、欺瞞の黒い渦の中に知らず知らずのうちに飲み込まれていった。メアリはエリザベスへの信頼を貫き、スコットランド王座に返り咲くという希望が心の中で優勢を占めていれば、バラ色の夢しか見えていなかったのである。

カーライル城は、赤い砂岩の城壁に囲まれた城であるが、中世後期にスコッツからの攻撃に備える要塞となった。この城の南東の隅にあるニュー・タワーと呼ばれる塔が、メアリの新しい住まいとなった。ここでメアリはノリスから監視されながら、客人として一か月近く暮らすことになった。ノリスはメアリに言うのであった。

「女王陛下、城の外の草地を散歩されてもよろしゅうございます。乗馬もなさって結構ですよ。でも、あまり遠くにはお出かけにならないようにお願いします」

「嬉しいわ。私は乗馬が大好きです。一緒に出掛けませんか」

カーライル城でも、メアリはエリザベスに手紙を書き続け、五月十八日頃到着して以来、月末までにすでに手紙は二十通以上に上った。今はただ一心に、エリザベスと会見すること、スコットランド王座に復帰することだけに、気持を集中させていた。

メアリはエリザベスを心に置いて十四行詩《ソネット》を書いている。どれ程エリザベスに会って話したいと思っていても、それが叶わず失望が続いている。異国の荒海で制御を失った船に自分を見立てて、思いがけずして起こるかも知れない運命の悪戯を恐れていると、心の内の不安を吐露している。鋭い予感である。

切望が私の心に昼も夜もつきまとい、
苦く、甘く、私の病んだ心を苦しめます、
疑いと恐れの間で、その切望はわがままに

振る舞うのです、
すると、それがうろうろする間は、
休息も平安も逃げていくのです。

親愛なる姉君、もしこれらの詩行があまりにも大胆に
あなたに会いたいとの虫のいい願いを語るとすれば、この故なのです—
私は不平をこぼし、苦しさの中に沈んでしまうのです、
なおも私が求める好意が否定されるのであれば。

ああ！　私には船が制御を失っているのが
見えました、
高潮の中で、慣れ親しんだ港から外れて、
穏やかだったものが悲しみと苦痛に変わるのを。
船と全く同じように、
私は一人ぼっちで震えています、
恐れています—あなたにではなく、運命から弄ばれることになるのを、
最も緊密な、強固な鎖を破壊して。(26)

メアリは五月末に、フレミングをロンドンに派遣して、エリザベスが助けてくれないのならば、フランスに助けを求める旨を伝えさせ、イングランド宮廷に揺さぶりをかけた。それから一週間程して、エリザベスの使者がメアリの元を訪ね、女王からの手紙を渡した。

「メアリ女王、私はあなたのスコットランド王座回復を約束します。ただし、条件があるのです。私が設定する『審理』によって、女王の無実が証明される必要があります。ですから、この『審理』に同意していただかなければなりません(27)」

香油を塗られた女王が、醜聞が立っているというだけで、他国の女王から「審理」に掛けられる等法外なことである。

この罠はセシルとモレイの二人が中心となって仕掛けたものであった。二人にとって、メアリ女王を陥れることが、それぞれの利益に最もかなうものであった。この罠に掛ける行為がどんどんと速度を増して進んでいった。二人にとって必要なことは、メアリ女王を陥れる確たる証拠を入手することであった。モレイは「銀箱の手紙《キャスケット・レターズ》」と言われる一連の手紙を使うことで、ことを進める決意であった。この一連の手紙については、後に歴史上最も議論され、膨大な論文や本が書かれることになる。

モレイの動きが慌ただしくなった。彼はジョージ・ブキャナンに声を掛けた。

「ジョージ、頼みがある。実はメアリを告発する本を書いて欲しいのだ。事実から少しくらい外れても構わない。小さい事実を大きく誇張しても構わない。虚構を入れても大丈夫だ。とにかくメアリを引きずり下ろしてやりたいのだ」

「私も同感だ。まずカトリックなのが許せない。その上、君主制は受け入れられない。私の理想は、古代ギリシャ、ローマの考え方にプロテスタント主義を加えて作る新共和体制だ[28]」

「ジョージがメアリ支持者でないのは分かっていた。君はレノックスから領地をもらっているから、忠誠はメアリにではなく、レノックス、そして亡きダーンリの方にあるはず」

ブキャナンは元々スコットランド宮廷で、古典学者、作家として才能を発揮し、メアリ女王のために様々な仮面劇の台本を書いていた。その彼が、メアリ女王について世紀の虚構を書き上げ、それが女王を陥れる主要な道具として使われることになるのである。

ブキャナンは、女王とボスウェルとの背徳の恋物語を作り上げた。例えば、女王がアロア・タワーに王子出産後の休養に出掛けた時のことである。ボスウェルも同行したが、モレイも一緒だった。だから、あり得ないことなのに、ブキャナンはこの時に、女王とボスウェルは恋愛関係を持ち、エディンバラに帰ってからも二人の関係はさらに強くなった、と書いた。

また女王のジェドバラとハーミテジ城訪問でも、作り話が仕立て上げられた。実際は、すでに我々が見てきたとおり、ハーミテジ城でボスウェルは窃盗団に襲われ、深傷を負って苦しんでいた。後で女王がお見舞いに来た時は、大勢の貴族や従者を従えており、滞在も二、三時間と短いものであった。さらにジェドバラでは女王は瀕死の状態に陥った。にもかかわらずブキャナンは、女王とボスウェルは逢瀬を重ね、愛欲にふけった等と、荒唐無稽の話を捏造したのであった。

現在では、代々の歴史学者や伝記作家たちによって数多の資料が掘り起こされ、精査された結果、ブキャナンの書いた本や「銀箱の手紙」等は事実を土台にした虚構であり、信頼に値しないというが定説となっている。

新しい動きが、始まっていた。それは、女王をカーライル城からボールトン城へと移すことであった。女王を高く評価し、好意さえ抱いていたノリスの緩い監視の下にあり、しかもカーライルはスコットランドに近いこともあって、イングランド側にはさらなる安全策が必要であった。

レノックスがエリザベスにメアリを告発する手紙を送ったり、モレイが自分の秘書をエリザベスの元に送り、メアリがフランス語で書いた手紙をスコットランド語に訳したものと言って、届けさせたりした。このように危うい、不安定な状況が兆していたから、イングランド側はセシルを中心に、さらに手堅い方策を選び、メアリをボールトン城へ移すことにしたのである。

メアリはカーライル行政官たちに抗議した。

「あなた方は、どのような法律条項に基づいて、このようなことをするのですか。私は一国の女王です。正当な理由も告げずに、このような勝手なまねは許しません。いえ、ここから動きません！」

「これはエリザベス女王の命令によるものです。私たちは、命令に従う以外は何も致しかねます」

彼らは、それでも止むことのないメアリの抗議を無視して、女王の移動を強制した。いよいよメアリのイングランドでの扱いは幽閉の色合いが、少しずつ濃くなっていく。一五六八年七月末のことであった。

メアリ女王と五十名以上に上る従者たちは、二日掛けてボールトン城入りした。随員の中には、レスリ、ヘリーズ、リヴィングストン夫妻、フレミング夫妻、ジョン・ビートン、バスティアンと妻、メアリ・シートン、ジョージ、ウィリ等々がいた。

ボールトン城はヨークシャーにあり、ウェンズリデイルを見下ろす高台に位置している。眼下に緑なす谷が広がり、鷹狩りもできる。メアリはここに落ち着いてから、鷹狩りを楽しんでいる。カーライルやヨークといった大きな街からは離れた片田舎にあって、連絡を取り合うのも不便な所に、六か月近く閉じ込められることになった。

四辺形で、高々とした壁を持つボールトン城は、十四世紀から現在に至るまで代々スクループ家が城主である。この時城主ヘンリ・スクループは、南西向きの最上階にメアリ女王の寝室を設け、礼拝所も用意した。メアリが案じていたよりは、何もかも安心感を与えてくれるものであった。メアリはスクループに声を掛けた。

「スクループ卿、この広々とした居間からの眺めは格別ですね。鉄の斜め格子からですが、ウェンズリデイルのなだらかに起伏する丘や谷が、真夏の緑色に輝いているのが見えて、この居間にあの緑が映えますすね」

「女王様からそのように仰っていただいて、嬉しく思います。ここでは、ダンスもゲームもできますから、気晴らしをしていただけたらと思います」

「ご配慮ありがたく思います。それに、イングランドで一番先にセントラル・ヒーティングを導入されたらしいですね。寒くなったら大助かりです」

スクループ卿は妻共々カトリック教徒であった。妻はイングランドで只一人の公爵、ノーフォークの妹で、夫婦そろってメアリには親切にしてくれた。後にはメアリとノーフォークの結婚話がでることになる。このような状況の中で、メアリは案じていたよりは居心地の良い監視生活となった。

このような思いの外の心地良さがある一方で、メアリの身に重大事が起こり、知らず知らずのうちに抜き差しならない状況へ追い込まれていくことになるのも事実である。

メアリがイングランドに足を踏み入れるとすぐに、抜け目のないセシルはモレイと連絡を取り合った。

「モレイ、とにかくメアリを陥れることが可能な証拠を提出して欲しい」

「分かっております。それでブキャナンに、女王に不利になるような事実と虚構を織り交ぜた文書を準備させております。近々お手元に届けましょう」

セシルはエリザベス女王の安泰を完全なものにすることを期し、モレイはスコットランドの摂政の地位を維持するため、どんな手段を使ってでもメアリを陥れたいとの一点で、両者の利害は一致していた。

エリザベスはセシルに自分の思うところを明らかにした。

「セシル、私は本当のところ、スコットランドの反逆貴族たちのメアリ女王への態度に疑念を持っているの。モレイのやり方には嫌悪すら覚えるわ。一国の女王があのような扱いを受けていいものかしら。間違っているわ」

「陛下、お言葉ですが、私はメアリ女王の行動が間違っていると存じます。今にお気付きになられます」

エリザベスは心の中では、メアリにはスコットランド王座に復帰して欲しいと思っていた。

メアリも、エリザベスの助力で王座に返り咲くと信じていた。しかし、二人の女王の信頼関係に水を差したのは、セシルであった。セシルはメアリに罠を仕掛け、そこにいったんはまったら、どうあがいても安全に抜け出し、自由を見つけるのは不可能であった。その罠の最初の一手は、一国の女王を「裁判」にかけるとは言えないので、「会議」という言葉を使ってメアリを「審理」にかけ、断罪するというものであった。


一五六八年七月末、ヘリーズ卿がイングランドからの提案を持って、ロンドンから帰ってきた。

「メアリ女王陛下、イングランドは裁定を考えております。それによって陛下への告発が晴れれば、スコットランド王座復帰となるということだそうです」

「ああ、イングランドはそのように考えていて、エリザベスは私に助け船を出してくださるのね。希望が湧いてきましたわ。裁定を受け入れましょう。ことは良い方に向いてきますね。ヘリーズ卿、お疲れ様でした」

一五六八年十月四日、ヨークで「ヨーク会議」が開催されることになった。ロス司教・レスリ、ヘリーズ卿等のメアリ女王の代表団と、モレイおよびメイテランドが相対し、それぞれが非難を表明した。審判にはイングランドのノーフォーク公爵、サセックス伯爵、ラルフ・サドラー等が当たった。「ヨーク会議」が始まって一週間程経った頃、モレイは「銀箱の手紙」を公に提出することはなかったが、「手紙」の写しを内々にノーフォークに見せ、尋ねた。

「公爵、この『手紙』をエリザベス女王はどう思われるでしょうか。これはメアリ女王を有罪にする十分な証拠になると思われますか[29]」

「良く精査してみなければ、今のところ何とも言えません」

この「銀箱の手紙」こそ、メアリ断罪の全ての鍵を握っている。本物であれば、前夫ダーンリ殺害の共謀罪およびボスウェルとの姦通罪が問われるであろうし、もし贋作で、女王を陥れるために偽造されたとすれば、モレイは摂政の地位を喪失し、他の貴族も国外追放となるであろう。メアリ女王は当然王座復帰を遂げることになる。全ての命運が、この「手紙」に掛かっている。ただ不当なのは、メアリ女王はおろか、女王の代表団にもこの「手紙」を見せなかったのである。セシルが設定した「会議」では、その手順は含まれていない。それは彼が仕掛けた罠の一環なのである。

ところが、ノーフォークとサセックスはセシルに明言した。

「セシル、ヨーク会議のことだが、イングランドの審判たちは、メアリ女王の告発人の多くが、ダーンリ殺害の共犯者であることを知っていますよ(30)」

「思いも及ばぬこと、今少し時間を割いて検討してみます。ヨーク会議はしばらく延期にしましょう」

セシルは「会議」を延期し、場所もロンドンのウェストミンスターに移すことにした。

「ウェストミンスター会議」は一五六八年十一月二十五日に始まり、今度は審判にセシルやレスター等も加わった。これによってこの裁定の重心は、自然とモレイ側に傾いたのは当然のことである。セシルはメアリ女王の出席を固く拒んだ。仮に女王が強く望む出席、実質的には出廷を受け入れれば、この「手紙」の正当性は女王によって完全に否定されるであろう。そうなれば有罪判決にならないことが、予見されていたからである。

何かメアリが予想していたのとは違った感じでことが動いている。メアリはメルヴィルに落胆した様子で言った。

「あの方たちが言う会議なるもの、私が想像していたのとは大きく違っています。反逆貴族の非を白日の下に曝し、速やかに私を王座に戻してくれるものとばかり思っていました。それが行なわれるための儀式ぐらいにしか捉えていなかったのです」

「陛下のおっしゃることがよく分かります。私たちも同じように考えておりました」

「イングランド側の一方的な筋書きに乗せられ、女王たる私が承認していない司法権を発動され、責任を問われるのは許し難いことです。どうか直ちに私の代表団に、この裁定から身を引くように伝えてください[31]」

彼らは十二月六日にこの裁定から身を引いた。

するとその翌日に、モレイは「銀箱の手紙」の原物をテーブルに置いた。もちろん女王も、女王の代表団も目にすることができなかった。イングランド側は、フランス語で書かれたこれらの手紙をイングランド語、スコットランド語に翻訳して、精査を始めたのである。

その後、十二月十四日、「会議」はハンプトン・コートで開かれ、引き続き「手紙」の精査が行なわれた。この席には、エリザベス女王も臨席したが、中立の立場を貫き、傍観者に留まった。

会議に持ち込まれたこの銀箱の正式な記述は、「ウェストミンスター会議」の議事録の中に「小型の銀メッキの箱で、三十センチに満たないサイズで、ローマ字の斜字体で王冠にFの文字が至る所に飾られている」と記録されている[32]。Fはメアリの最初の夫フランシス二世の頭文字で、手の込んだ緻密な細工の至る所に組み込まれている。（この銀箱は現存していて、代々のメイテランド家の屋敷で、今はレノックスラヴ・ハウスと呼ばれる所に展示されていて、我々も目にすることができる。）

「銀箱の手紙」の由来はこうである。一五六七年六月十五日、「カーベリ・ヒルの戦い」が終わった後、ボスウェルの従者で仕立屋のジョージ・ダルグリーシュが二日後、六月十七日にエディンバラ城に主人の服を取りに来たと言って入ってきた。ちょうどモートンとメイテランドが食事をしていた時のことである。その後ダルグリーシュは捕えられ、拷問に掛けると脅されると、自分のベッドの下に隠してあった、ボスウェルの部屋から持ち出したという銀箱を取り出した。これが「銀箱の手紙」の歴史の第一ページである。この時はそれ程重要とは思われておらず、これに関する尋問等は何もなかった。ただ後にダルグリーシュの首ははねられた。

この鍵の掛かった銀箱は六月二十日にはモートンの手元に置かれ、翌二十一日に証人たちを前にして鍵を壊して正式に箱が開けられた。ボスウェルの書類が入っているのを見届け、箱に封をしてモートンが所有した。二十二通の書類が入っていて、その内訳は八通の手紙、二通の婚姻契約書、十二通のソネットであった。

セシル自身が以前主張していた。

「役に立ちそうなのは手紙だけですよ」

モレイも同意して言った。

「私もそう思います。手紙に焦点を置きましょう。できることは何でもやってみるつもりです」

八通ある手紙の中で重要なものは、主に二通の手紙で、一般に「短いグラズゴウの手紙」と「長いグラズゴウの手紙」と言われている。

モレイが中心になって、これらの手紙を改ざんして、メアリを犯罪人に仕立て上げるように腐心した。

モレイたちが、ダーンリ殺害でメアリを告発した一番大きな証拠として挙げたのは、一五六七年二月十日王殺害に先だって、グラズゴウで病床にある王を女王がエディンバラに連れ戻す行動にあった。彼らは、メアリがボスウェルと姦通し、王殺しの共謀者となっていることを何としても証明する必要があった。その流れから、メアリがグラズゴウに夫を連れ戻しに来た時に、病床の夫の傍らで、ボスウェルに長い恋文を書いたという筋書きに仕立て上げたのである。

「ウェストミンスター会議」を経て「ハンプトン・コート会議」へと至ったが、白黒明白な結論は出ないままに終わった。モレイは罰されることなく、スコットランドに戻っていった。メアリの落胆は大きかった。あれ程エリザベスに信頼を置いて、女王対女王という同等の立場で、きっと自分の名誉を回復してくれもしよう、スコットランド王座への復帰にも手を貸してくれもしようと信じていたのに、メアリはただただ気を落とすばかりであった。

しかも王座回復どころか、メアリは監視がさらに厳しいタットベリ城へ移されることになってしまった。

第四部

第十三章　陰湿な幽閉

メアリ女王は六十名程の随員を従えて、ボールトン城を後にし、タットベリ城に向かうことを余儀なくされた。二月初旬の空気は肌を刺すように冷たく、じめじめとしていて、ぬかるんだ悪い道をヨークシャー、ダービシャーと通って、十日もかかってようやくタットベリ城に着いた。

タットベリ城は、くねくねと曲がって流れるダヴ川を望み、ダヴの谷の上にある尾根のように高くなった所にあった。川の向こうにはダービシャーの草原が見晴らせる。城の入り口は一か所だけで、長い一本道の先に「ジョン・オブ・ゴーントの門」と呼ばれる高い門からだけ入ることができた。

女王一行はここに二月四日に到着。監視役もノリスからシュルーズベリ伯爵・ジョージ・タルボットに代わった。この城は中世の城で、木と漆喰だけで建てられていて、傷みが激しく、冬に入ってくる隙間風は強く、メアリ女王が全ての幽閉所の中で一番嫌う所となった。女王は言うのであった。

「タットベリ城は、野原の真ん中にある小山の頂上に四角い形で立っているから、風という風に、天の災いに、晒されっ放しになる。何とひどい所でしょう(1)」

ランカスター公領のタットベリ城は、シュルーズベリが狩猟用の宿泊所として使っていたもので、家具も何もなかった。シュルーズベリはメアリ女王に詫びるように伝えた。

「エリザベス女王がベッド、家具、カーペット等を送ってくださったようですが、まだ着いておりません。妻が私たちの家から持ってきたもので我慢なさってください」

メアリは侍女に不満げに呟いた。

「ああ、寒くて凍えそうよ。ヒューヒュー、ガタガタと風の音が鳴り響き、頭の上まで上ってくるわ。気絶しそうよ」

メアリ女王はすぐに体調を崩してしまった。寒いだけではなかった。衛生状態も悪く、何しろチェンバー・ポットの中身を窓から捨てるのだから悪臭もひどかった。

シュルーズベリは妻のベスと話すのであった。

「ベス、エリザベス女王が私をスコットランド女王の監視役に選んでくださったことを、非常に光栄に思っているよ。女王からは、メアリ女王を丁重に扱うようにと要請されたのだよ。それに、もしエリザベス女王に何かあったら、メアリ女王が王座に就くことだってあるのだから、おろそかには扱えるはずがないよね」

「私もあなたを誇らしく思いますわ。あなたがエリザベス女王から、深く信頼されている証しですから」

「タットベリ城は、メアリ女王にはちょっと貧弱過ぎるので、セシルに相談して、もう少し心地良い住まいに変えようと思っているのだよ」

シュルーズベリ伯爵は、この後十五年半程、メアリ女王の監視役を務めることになる。これ程長い任務になろうとは想像もしていなかった。年齢は四十代で、性格は弱く、気の強い妻から支配され、監視人としてのストレスや痛風に苦しんでいたこともあって、エリザベスからは「老人」というあだ名を付けられていた[2]。

この伯爵は莫大な土地を所有し、八つの邸宅を構えていた。まずはメアリ女王を、タットベリ城から、ダービシャーにあるウィングフィールド・マナーに移した。女王はここがとても気に入り、「宮殿」と呼んだ程である。清掃のため、今度はここから妻ベス所有のチャッツワースに移った。チャッツワースもダービシャーにあり、ウィングフィールド・マナーからはそう遠くない場所にある。広大な敷地を有し、すぐ近くにはダーウェント川が流れ、ピーク・ディストリクトの山々を望み、手を入れ整えられてはいるが、大自然がそのまま敷地の中にある感じだった。

メアリはこのシュルーズベリ夫妻と人生の三分の一を超える時間を共にすることになる。妻のベスは、シュルーズベリ伯爵夫人、エリザベス・タルボットであるが、一般にベス・オブ・ハードウイックとして広く知られ、エリザベス朝に名を残す程のやり手であった。

メルヴィルはメアリ女王に、シュルーズベリ夫妻について話して聞かせた。

「女王陛下、シュルーズベリ夫妻は、陛下の監視役を与えられる二年程前に結婚したのです。伯爵にとっては二度目の結婚でしたが、ベスにとっては四度目で、ダービシャーの小地主の娘としては、結婚を重ねる毎に地位と財力を増大させていく、幸運、知力、気力、如才なさ、野望を持った女性です。ベスが二番目の夫と再婚した時は、まだ二十歳そこそこでしたが、相手はサー・ウィリアム・キャヴァンディッシュで、豪邸チャッツワースは名門キャヴァンディッシュ家のものだったのです。ベスが三番目の夫セント・ロウを亡くした時は三十代の終わり、すでに裕福な未亡人となっていたようです。セント・ロウ亡き後は、イングランド宮廷に戻り、夫探しに努めたらしいのですが、その成果がシュルーズベリ伯爵だったわけです」

「そうだったの。ベスは高みを目指し、野望を持った女性なのね。気も強いようだけど、心配りも並みではないわ。野望家の意気込みが肌で感じられるのよね」

「ベスは特に財政面で敏腕を発揮し、目につくものは全て、例えば土地、建物、金融、農業、鉱石、材木等に手を伸ばし、財の上に財を重ねているのです。男勝りの理解力と行動力を持ち、誇り高く、利己的で、非情とも噂されております(3)。エリザベス女王はこの夫妻に信頼を置き、とても気に入っておられるらしいです。伯爵はノーフォーク公爵に次いで高位の裕福な貴族で、エリザベス女王に対する忠誠心も人後に落ちません」

結婚当初、伯爵はベスを「私の恋人」、「私の宝石」等と呼んでいたが、十年後には、「私の邪悪な悪意ある妻」と呼び(4)、一緒に住むのを拒否することになる。ともかくもこの時点では、二人は社会的にも、経済的にも有力な夫婦であった。ベス自身がチャッツワースとハードウィック・ホールという大邸宅を所有し、伯爵も莫大な土地、財産を所有し、エリザベス女王に献身していた。

メアリがタットベリ城に着いてしばらくした後、ベスに声を掛けた。

「ベス、私は刺繍をするのが好きなのよ。フランスで刺繍師から指導を受け覚えたものなの。それ以来、刺繍は私の大きな楽しみとなったのよ。あなたは刺繍をなさらないの」

「以前はよく刺しておりましたが、ここのところしばらくしておりません。陛下がなさるのでしたら、ご一緒にしましょうか」

こうして、メアリ、ベス、侍女たちは一緒におしゃべりしながら刺繍をして楽しむようになった。メアリはフランスから良質の刺繍糸を手に入れ、ベスにもプレゼントした。

女王がタットベリ城に着いて一か月もしないうちに、ニコラス・ホワイトというセシルの使者が、アイルランドに向かう途中タットベリ城に立ち寄った。メアリ女王の様子をセシルに報告するためであった。ホワイトは女王に声を掛けた。

「陛下、このように天候が悪く、寒くては戸外には出られませんでしょう。どのように時間を過ごしていらっしゃいますか」

「一日中針仕事をしていました。糸の様々な色彩が退屈から救ってくれるのです。痛みに負けてしまってもまだ続けたので、今もまだ脇腹が痛みますのよ。元からここに痛みはありましたが、悪化させてしまいました[5]」

ホワイトがメアリ女王に謁見する時に、女王が座っていた椅子は、部屋の一方の隅に一段高くなっている所に置かれていた。椅子の上方には天蓋が掛けられていて、女王にふさわしいようにとの配慮であった。椅子は深紅のヴェルヴェットと金の布が張られていた。その天蓋には刺繡が施されていて、「私の終わりに私の始まりがある」(In My End Is My Beginning)と読めた。ホワイトはその意味が掴めなかった。

「陛下、失礼ながらお伺いしたいのですが、天蓋に刺繡された文字の意味は何でしょうか」

「ああ、これはね元々私の母のモットーだったのです。紋章は『不死鳥』で、五百年に一度自分に火を点け、灰から新しく蘇り、飛び立つという鳥です。終わった時から新しく始まっていくでしょう。私の紋章はフランス時代に、夫フランシスの妹マーガレットから譲り受けたもので、太陽に向かって咲くマリゴールドです。モットーは『低俗なものに従わない』でした。でも私がもらってからは、マリゴールドはそのままに、モットーは『強さが私を惹き付ける』にしたのです。心の中にはずっとマリゴールドがあるのですよ。でも、このようにイングランドで囚人になってからは、母のモットーを使っています[6]。『私の終わりに私の始まりがある』という考え方は素敵でしょう。こう考えることで、全てに希望が湧いてくるのです。終わったらまた新たに始まるということ、最大の慰めです。私はそれを信じたいのです。だから、これをいつも頭の上に掲げているのですよ」

メアリの母親は、このモットーに恐らく自分が亡くなっても、子供が後を継いで代々続いていくという思いを込めていたであろう。メアリにとっては、このようにイングランドで幽閉生活を送っているので、自由の身になれば、また新しく始まるという願いを込めたものだと、一般的には受け取られている。もちろん、もっと心理的な、哲学的な意味をくみ取ることもできる。

ホワイトはアイルランドに向かったが、後でセシルに報告した。

「メアリ女王は魅惑的な優美さを持っていて、美しいスコットランド訛りで話し、柔らかさに包まれた鋭い機知を有しておられます。柔軟と剛直をあわせ持っておられるのです」

メアリの刺繍は単なる気晴らし、楽しみだけのものではなかった。貯め込まれた不満と怒りを鋭い針で、刺繍のキャンバスに痛烈に刺すこともあった。例えば、「猫」と題された作品は、猫がエリザベス女王を表わし、向かって右横にいるネズミはメアリで、猫がネズミをいつ捕らえようかと狙っている様子が窺われる。後の刺繍師が、さらにその猫の毛を赤毛にし、頭に王冠を載せて、エリザベス女王を表わしていることを疑いのないものにしたと言われている。

さらに痛烈なのが「ノーフォーク・パネル」である。中央に手があって、剪定用の鍵型のはさみが握られ、葡萄の木から若い、実のなっていない枝を切り取ろうとしている。その上にはラテン語で「美徳は傷付けることで栄える」と刺繍されている。左側にはメアリの組み合わせ文字(フランシスFのギリシャ文字ΦにMを組み合わせたもの)、右側にはスコットランド王家の紋章が見える。これはメアリからノーフォークへの贈り物で、枕に刺繍したものである。彼はこれを受け取った時すぐに、「エリザベスの産まず女の枝を切り落とし、メアリをイングランド女王として取り替える」という象徴と理解したはずである。それ程メアリの怒りは貯め込まれていたのである。

実は、メアリのごく親しい者たちの間では、メアリ女王とノーフォーク公爵との結婚話が持ち上がっていると囁かれていた。女王に反旗を翻していたメイテランドも、またイングランド駐在スコットランド大使、レスリもこの話を推し進めたいと考え、助力しようと努めた。メイテランドはレスリと話し合った。

「陛下にとって、この話はとても良いものだと思います。うまくいけば、スコットランドでも、イングランドでも受け入れられるでしょうし、スコットランド王座へ戻ることも実現するでしょう。国の安定という点でも有益と信じます」

「ノーフォーク公爵は一度だけ、ボールトン城で、女王と会っておいでです。ご家族は皆カトリックで、公爵はプロテスタントながら、カトリックに対して温かい気持ちを持っていらっしゃいます。イングランドで最も高位の貴族ですので、よく見合っておられますね」

ノーフォーク公爵は例の「ヨーク会議」で主要な役割を演じた人物であった。彼は三人目の妻を亡くしていて、エリザベスが命じた裁定が終わると、メアリとの結婚を考えていた。メアリもこの話に乗り気で、心からこの公爵と結婚したいと思っていた。

二人は手紙や贈り物を交換し合い、互いの気持を確かめ合っていたのである。メアリは公爵への手紙にこう書いた。

「私はあなたと一緒に生き、死にます。監獄も自由も、良きも悪しきも、どんな出来事であろうと何一つとして、あなたにお約束した忠誠と従順を退けるものはありません(7)」

ノーフォークはダイアモンドを添えて返事を書いた。

「私の親愛なるメアリ女王、あなたが約束してくださった忠誠と従順は、私からもあなたへ向けてお約束します。同封のダイアモンドは私と思って身に着けてくだされば、とても嬉しく思います」

「私の愛しいノーフォーク、お手紙も、贈り物も大変嬉しく、有り難く受け取らせていただきました。ダイアモンドは見えないように首に掛けておきます。再びその所有者と私の両方のものとなるまで(8)」

メアリにとってこの話は、暗く重い気持の幽閉生活の中で、唯一つ状況を好転させてくれる希望の光となる可能性を秘めていた。彼女のロマンティックな心情に火が点いた。だがそれ以上に、まずイングランドの囚人という境遇から抜け出し、自由を得て、スコットランドの王座に復帰することがメアリの最大の望みであった。

一方、エリザベスは、何とかしてメアリをスコットランド王座へ復帰させる道を探っていた。エリザベスの意図を汲んで、スコットランドでは貴族たちがパースに集まり、その是非を議論する会議を開いた。その「パース会議」は結局、四十対九の大差で、メアリの王座復帰を否定した。

ノーフォークはもっと大きな野望を抱いていて、ロス司教・レスリに打ち明けた。

「私はエリザベスの玉座にメアリを据え、イングランドにもう一度カトリック勢力を回復させたいのです。そのために、スペインと手を組むことにしました。イタリア人の銀行家ロベルト・リドルフィが『イングランド計画』という策略を練っていて、エリザベス女王を退位に持ち込み、イングランドにカトリック勢力を拡大させるというものらしいのです。私の思惑と一致しています。その上、スペイン王フィリップ二世もこの企画に興味を示しているようなのです」

「そうですか、ノーフォーク卿。なるほど、スペイン王はヨーロッパ、そして世界の交易を支配したいという壮大な考えをもっておられるらしいですからね[9]」

「レスリ殿、ルドルフィの手元にローマ教皇・パイアス五世から、イングランドのカトリック教徒支援のために援助金が送られているようです。また、フィリップ二世は、宗主国としてスペインが任命したネーデルランドの司令官アルヴァ公爵に、準備万端整えておくように命じているらしいのです」

各自の思惑が一つの焦点を結び、事態はうまく運ぶかに見えた。

イングランド北部には多くのカトリック教徒がいて、何とかしてメアリ女王を救い出したいと画策していた。いくつかの陰謀も企てられていた。

一五六九年十一月にはカトリックのウェストモーランド、ノーサンバランド両伯爵が中心となって「北の蜂起」を扇動した。その最中、エリザベスはノーフォークがメアリと結婚しようとしていることをモレイから知らされた[10]。寝耳に水であった。エリザベスは激怒し、ノーフォークはロンドン塔に送られることになった。

カトリックの動きが目立ってきていた。一五七〇年二月二十五日、ローマ教皇・パイアス五世が教令を発布して、エリザベス女王を異端と宣言したのである。

「イングランド女王と称する犯罪の僕を異端とし、全ての臣民を彼女への忠誠から解きほどく」

もちろんセシルはこれに敏感に反応し、注意の目を鋭くし、カトリック側を何としても押し潰してやろうと意気込んでいた。

一五七〇年八月には、ノーフォークはロンドン塔から釈放された。いよいよリドルフィは、ノーフォーク、レスリと手を組んで「リドルフィの陰謀」を実行に移そうとした。エリザベスを失脚させ、メアリをイングランド王座に据える陰謀であった。

ネーデルランドの司令官、アルヴァ公爵は、リドルフィが危険で当てにならない小人物であることを見抜いていた。彼はフィリップ二世に進言していた。

「陛下、リドルフィは大きな陰謀等とても企てられる器の男ではありません。おしゃべりとしてよく知られ、聞くところによりますと、今度もすでに自分の計画を自慢し、吹聴しているようです」

もっと醜悪なことに、リドルフィは二重取引をしていたのである。スペインから報酬を受けていながら、セシルのあの伝説的なスパイ・マスター、ウォルシンガムにも情報を売って報酬を得ようとしていた。実際、ウォルシンガムに寝返って、メアリ女王、スペイン大使、レスリたちの連絡に使った暗号を彼に売り渡していた。
レスリはイングランド駐在スコットランド大使であり、メアリ女王の代理として、実務上の仕事を勤勉に忠実に遂行し、情熱的な人でもあった。少し前には、『メアリ女王の名誉を弁護して』という題で、本まで出版していた。しかし欠点もあり、衝動的で、短気で、向こう見ずで、女王と性格が似たところがあった。[11]

このレスリとリドルフィがやり取りした手紙がセシルの手に落ちた。それ以前にすでにリドルフィの「おしゃべり」を通して、陰謀のしずくが一滴一滴とセシル側に漏れていた。そこに、ノーフォークも加担していることが発覚すると、ノーフォークは再度ロンドン塔に送られてしまった。一五七一年九月七日のことである。レスリも逮捕され、拷問に掛けられると、信じられない程の人間の弱さを見せ、女王側に不利となる告白を次々としてしまった。「北の蜂起」にノーフォークが深く関わっていたことだけでなく、メアリ女王のことまで悪口雑言を尽くしてみせた。

一方、フィリップ二世はアルヴァ公爵に詳細な指示を送って、計画実行に強い意志を示した。エリザベス女王の行幸中に女王を捕まえ、メアリ女王を自由の身にして、ノーフォークと結婚させることであった。これを実現させるために、アルヴァにネーデルランドの勢力から六千人の超一流の軍隊を引き連れて、イングランドに侵入させる予定であった。軍資金もすでにアルヴァにたっぷりと送っていた。

しかし、この計画は漏れた。フィリップの枢密院顧問官の一人が、スパイ・マスター、ウォルシンガムの二重スパイの商人に明かしてしまったのである。このスパイは直ちにイングランドのセシル（セシルは一五七一年二月二十五日、エリザベスからバーリ男爵に叙されたが、引き続きセシルと呼ぶ）の元に急いだ。セシルはシュルーズベリに最重要文書の急送便を送った。一五七一年九月十五日、夜九時であった。

「メアリ女王側で陰謀が企てられている。厳重なる警戒を要する。至急、大至急、至急、至急、命が掛かっている。命、命、命[12]」

一五七二年一月、ノーフォークは反逆罪を問われ、断罪され、同年六月に処刑された。審判官の一人はシュルーズベリであった。メアリは一人うめくように言った。

「ノーフォーク公爵は、私のイングランド幽閉中に、仄かに差したたった一条の希望の光だったのに、それさえあえなく消えてしまったわ。私にはもう夢見ることは許されないのかもしれない。押し寄せる大波が私を押し流し、自分の力を出そうとしても、打ち負かされてどうにもならない。この宿命とさえ思える障壁をどうすれば打ち壊して、自分の思い描く理想を実現することができるのかしら。暗く、長い道に明かり一つさえ見えない」

傍でメアリ・シートンが慰めようとしたが、慰められるものではなかった。

ノーフォーク公爵は処刑されてしまったが、メアリの命は救われた。それというのも、メアリと陰謀関係者たちとの間で交わされたどの手紙にも、メアリがエリザベスを王座から引き降ろして、殺害することを容認した証拠は見つからず、裁判に掛けることはできなかったからである。だから、セシルは何とかしてメアリの首を合法的に取るべく、議会でそれを承認してもらえる手筈を整えた。汚い手を使うのも厭わなかった。ちょうど、過去にブキャナンを使って、メアリを陥れる文書を書かせ、彼女の手紙を偽造させた、あのやり方と大きな違いはなかった。自分の思う法案を議会で通させるために、議員を洗悩することであった。

セシルの友人で学術書も出していたトマス・ウィルソンに依頼した。

「トマス、何かメアリ女王を究極的に貶めるものを書いてもらえないか。国会議員を納得させられるものを」

「以前もお話をいただいておりましたので、かなり用意ができております。『スコットランド女王・メアリの行動探査、夫殺害および陰謀、姦通、ボスウェル伯爵との偽りの結婚に触れて。さらに真の貴族、王の行動と権威を支える者たちを弁護して』といういささか長い題で書いております」

これがこっそりと出版されると、内緒で周りの有力議員に渡し、エリザベス女王の目には触れないように気を付けた。(13) セシルが予想したとおり、議員たちの頭には、メアリ女王の黒いイメージ、「王殺しをし、姦通した女王」が擦り込まれ、聖書の中で王殺しをした「アサリア」のイメージと重ね合わせたのである。(14)

セシル自身が、メアリを「アサリア」と同一視し、イングランドとエリザベスを守るためには、この「アサリア」を抹殺したかったのである。これが彼の人生における最重要課題の一つであった。

いよいよ議会が開かれ、メアリの処遇について激しく議論された。有力議員たちが次々に自分の席で立ち上がって、意見を述べた。

「スコットランド女王は偶像崇拝者で、邪悪な宗教に帰依しているのだ」

「最も醜悪で、汚らわしい女だ！」

「彼女はアサリアであり、前王は哀れな犠牲者、その上ボスウェルと姦通したのだ[15]」

議員たちの罵声に近い非難の声が、議場に響き渡った。メアリを断罪する声は、次々と止むことなく、議員から議員へと波打つように続き、セシルの耳には心地良く響いた。

イングランドの議会では、メアリ女王を処刑にする法案が通過した。しかし、エリザベスは拒否権を発動して阻止したのである。王権に関する基本的な考え方に、エリザベスとセシルの間では大きな差異があることは、繰り返し述べてきたとおりである。

「セシル、王権というものは神から授けられた特権なのです。ですから香油を塗られたスコットランド女王・メアリが、イングランドの議会で法案が通過したからといって、女王としての特権を奪われることは許されないというのが私の信念です」

「陛下、お言葉ではありますが、私は議会の議決が最優先されるべきだと思います。メアリ女王の命運も、議会がその生殺与奪の権利を持っていると信じます」

セシルはエリザベスの拒否権発動に憤まんやるかたなしであったが、ここであっさりと諦めたりはしなかった。

ノーフォークの処刑から数か月後、一五七二年八月二十四日、セント・バーソロミュの日に、パリでカトリックがキャサリン・オブ・メディチとメアリの従弟、ギーズ公爵・ヘンリに主導されて、異端であるプロテスタントを虐殺した。その影響もあって、イングランドではカトリックへの反感が強まり、メアリに対する目はより厳しくなり、不人気はいっそう高まっていった。

第十四章　小宮廷

シュルーズベリは心根が優しく、イングランドの高位の貴族という矜持もあって、幽閉中とはいえ、一国の女王を監視しながら預かるという大役を、真面目に自己犠牲を払いながらもやってのけていた。彼が良心の人であったことは、メアリ女王にとってはありがたいことであった。

女王がタットベリ城に来た時には、六十人程の随員がいた。しかしノーフォークとの結婚計画が発覚してからは、エリザベス女王からセシルを通して、人数を減らすように命じられ、今は三十人程になってしまった。それでもメアリの周りにはお気に入りの侍女も侍従もいて、心を尽くして仕えてもらい、いわば小宮廷をどうにか維持していた。髪結いが上手でいつも女王の髪を結っていたメアリ・シートンも、リヴィングストン夫妻もいた。女王の一番のお気に入りで、女王に最後の最後まで付き添い、心の底から見守っていくジェイン・ケネディもエリザベス・カールもいたし、バスティアン・ペイジ、エリザベス・カールの兄であり秘書のギルバート・カールもいて、ロッホ・

リーヴン城からの逃亡で大手柄を立てたウィリもいた。女官に付き添う下女たちもいた。

ジェイン・ケネディとメアリ・シートンが語り合っていた。

「メアリ女王様が、ホリルード宮殿にいらっしゃった時のように、私たちで少しでも陛下にふさわしい生活を送っていただけるよう、お仕えしていきましょうね」

「そうね。女王様のベッドの赤い天蓋も、ヴァランス(垂らし布)も、椅子の上の天蓋も、女王様の身には必要不可欠のものですよね」

「銀の食器も、クリスタルのグラスも宮殿の頃と同じように手入れをさせて、陛下に見合うお食事をお出しできるようにさせなくてはいけませんね」

食事は一日に二回、正餐と夕食で、二コースの食事となっていた。正餐には、例えば最初のコースにスープ、仔牛、牛肉、豚肉、鶏、ガチョウ、鴨、兎等があり、次のコースにはキジ、子羊、ウズラ、鳩、タルト、揚げたリンゴ、梨等が出された。ワイン、パン、サラダも供された。金曜日には、驚く程多種類の魚が出された。(16) 幽閉中とは言え、宮殿での生活と見劣りしないように、周囲の者が最善の努力を払った。

住まいもシュルーズベリの計らいで、あのひどいタットベリ城は別にして、心地良い邸宅が用意された。ウィングフィールド・マナーは、ダービシャーの静かな少し起伏のある低地に威容を誇る屋敷で、メアリはその壮麗さから「宮殿」と呼んだことは前にも言及したとおりである。ジェイン・ケネディはメアリ・シートンに言うのであった。

「陛下はこの『宮殿』がとても気に入っていらっしゃるようよ。それに、シュルーズベリ伯爵も陛下のお世話を預かっていることを誇りにしていて、自慢げに土地の名士たちを招いていらっしゃる感じがするの。陛下はそんな方たちとの社交を楽しまれ、彼らも女王様を囲んでのひとときを満喫しておられるようね」

「女王様はチャッツワースもお気に召していらっしゃるようよ。広大な敷地に、森があり、川があり、人の手が入れられたとはいえ、なお野性味に溢れた大自然に囲まれているでしょう。それがお好きなの。乗馬もおできになれますしね」(チャッツワースには、現在も自然溢れる大庭園に、「メアリ女王のあずまや」があり、往事を偲ぶことができる。)

しかし女王の主たる住まいとなったのは、シェフィールド城と、シェフィールド・マナーにシュルーズベリがメアリのために建築したシェフィールド・ロッジである。

この頃メアリの一番の楽しみは、ダービシャーにあるバックストン温泉に出掛けることであった。ここに行けば人々と会うこともでき、悩まされていたリュウマチの治療にもなる。バックストンの貧しい人々と会って、慈善の施しもできるし、彼らから祈ってももらえる。

メアリが初めてバックストン温泉に来たのは、一五七三年八月二十二日で、ここで五週間を過ごした。もちろんエリザベスの許可を得てのことである。バックストン温泉は、テューダー朝初期には、「セント・アンの泉」として知られており、宗教的巡礼の中心地でもあった。(17) ここの温泉では、人々は温泉水を飲み、沐浴もした。温泉の周りに椅子が置かれていて、沐浴が終わると、ゲームをしたり休憩したりした。服を乾かす設備もあった[18]。

バックストン温泉は社交場でもあり、ロンドンからやって来る宮廷人たちと会う機会にもなっていた。メアリが喜んだだけでなく、ロンドンから遠く離れて監視人の任務を負い、社交からも、昇進からも遠ざかっているシュルーズベリにとっても、喜ばしい機会となっていた。メアリはバックストンで以前の求婚相手で、何よりもエリザベスの恋人だったレスターと二回会っていたし、セシルとも会った。バックストンを訪問した重鎮たちは、シュルーズベリ夫妻からチャッツワースに招ねかれ、宿泊した。そのため夫妻は多大な出費をして、このお屋敷に様々に手を入れた。その上、シュルーズベリはメアリのバックストン滞在が安全に行われるように、温泉の隣にホールまで建てた。

メルヴィルがメアリ女王に伝えた。

「女王陛下、ロンドンでは、陛下がシュルーズベリと親しくしておられるとの噂が立っているようです。それに、陛下が貧しい人々と会って、慈善を施していることも伝わり、エリザベス女王は少し神経を尖らせているようです。ご自分の身の安泰もあるでしょうが、陛下の磁石のように人を魅了される力を恐れてもいるようです」

「恐れる必要など何もないのに、おかしなこと。バックストン温泉は、私の本当にささやかな楽しみで、外の世界の人と会える唯一の機会というだけのことなのにね」

エリザベスは一五七五年八月の行幸の際、バックストンまでほんの僅かな場所に来たが、メアリと会うことはなかった。二人の物理的距離が最も近づいた機会であった。

ロンドンの宮廷では贈り物が行き交った。シュルーズベリ夫妻も、エリザベス女王への新年の祝いの品に工夫を凝らした。エリザベスは伯爵の妻ベスのことを、「この国でこれ以上愛し、好もしく思うレイディはいません」と言及したように、二人のエリザベスの関係は良好なものであった。ベスは最大に心を砕いて、贈り物を選んだ。ありきたりの金の酒杯等では満足せず、着るものに贅をこらし楽しむエリザベスには、特別のコートを用意した。「花の模様が施された明るい色のコートで、色とりどりの裏打ちがされている」コートであった。エリザベスは非常に気に入り、「あの良い夫婦は全てにおいて、私に抱いている愛がどのようなものかを示してくれる」と上機嫌であった[19]。

メアリも新年のお祝いに、エリザベスに贈り物をした。フランスから取り寄せた甘い物の数々、砂糖菓子やマージパン、それに木の実等を贈ると、甘い物好きのエリザベスは喜んだ。さらにメアリが自ら刺繍を施したタフタの裏地の付いた真紅のスカートも、とても気に入ってもらった。

メアリはベスにも贈り物をし、ベスの宝石リストには、六個がメアリから贈られた物となっている。フランスから取り寄せた家具も四棹、ベスに贈った[20]。

フランスからエキゾティックな小鳥を送ってもらったりして、メアリは小鳥やペットも楽しみ、リュートも演奏し、時には、シュルーズベリと狩りに出掛けたりして暮らしていた。心の奥に、暗く重いものを抱えてはいたが、表面的にはこのような軽い愉楽を持つこともできていた。

この時期のメアリは、まだ自由の身になれる希望を抱いていた。お気に入りの侍従も侍女も周りにいてくれ、シュルーズベリは女王に対して色々と心配りを示してくれた。それ程大きな問題もなく過ごしていた。ただ健康には問題があった。ジェイン・ケネディはメアリ・シートンに少し心配そうに話し掛けた。

「女王陛下は、消化器疾患で長いこと苦しんでいらっしゃるでしょう。何よりもお身体に悪いのは、幽閉生活のストレスと運動不足だと思うの」

「そう言えば、女王様は以前柳のように細くていらっしゃったのに、この頃少しふっくらされてきたと思わない。時々足も腫れたり、痛んだりされておられるようね」

「そうなの。少し心配ね。それに伯爵もお身体の具合があまり良くないらしいの。痛風のため右手が痛み、字もうまく書けないと聞いたわ。伯爵のストレスも相当のものよね」

シュルーズベリは屋敷に大人数の人々を抱え、いくら裕福とはいえ、財政面の苦労は大きかった。エリザベスはシュルーズベリへ支払う費用は、どんどん削った。それというのも、メアリはフランス王室から寡婦年金を受け取っているので、それを使わせ、彼女の財政力を弱めたいとの思いがあった。だからシュルーズベリはエリザベスから与えられた任務を遂行する重圧に加えて、足りない出費は全て自分の財布から出していて、財政面の犠牲も大きかった。それでも与えられた責務を申し分のない程に遂行していた。

イングランドの宮廷では、シュルーズベリ夫妻の不和が皆の知るところとなっていた。兄がイングランド宮廷に仕えていることから、メルヴィルにその情報が入り、彼はメアリ女王に伝えた。

「女王陛下、どうもベスが陛下とシュルーズベリが恋愛関係にあると、宮廷で言いふらしているようなのです。全く根も葉もないことなのに、夫婦の不和の腹いせにわざとやっているのではないかと思われます」

「メルヴィル、私は、シュルーズベリをお気の毒に思っているの。痛風で苦しんでいる上に、ストレスや財政問題を抱えている様子でしょ。そう言えば、この頃少し苛立ち、怒りっぽくなっているようね。それなのに、ベスは優しく理解して、包み込んであげることもなく、自分の財を更に積み上げ、一族の権力を得ることで頭がいっぱいなのよ」

「伯爵はとても責任感の強い方です。陛下を讃美し、尊敬する気持はあるかも知れませんが、噂されているようなことがあるはずもありません」

「メルヴィル、私も伯爵も、もう老人のように身体のあちこちが悪くて、痛みと闘っているところよ。そのような噂を立てるとは、笑わずにはおれないわね」

メアリは内心憤った。


一五七四年の夏、メアリのフランス人秘書が亡くなり、後任としてクロード・ナウが着任した。彼は、女王がジェドバラで死にかけていたところを救った、あのフランス人医師の兄であった。パリで法律を学び、多くの外国語もこなし、聡明で機知に富み、情熱的な人であった。しかし明敏ではあったが、人の心を引き寄せる心情の深さは持っていなかった。

メアリはナウに依頼した。

「クロード・ナウ、エディンバラに行ってくれませんか。私は息子ともう随分長い間会っていません。息子がどうしているか、様子を知らせて欲しいのです。贈り物に金の銃を用意しています。それを息子に渡して欲しいのです」

ナウは出向いたが、会うことも、贈り物を渡すこともできなかった。(21)

「陛下のお望みを叶えられず、残念でなりません」

ジェイムズ王子はプロテスタントの貴族や熱烈なプロテスタントのブキャナンの教育を受け、母親が悪人であると洗脳されていた。ただ王子は飛び抜けて頭脳明晰な少年に成長していた。たった一人しかいない息子であったが、離れ離れに暮らしていて、女王と息子ジェイムズの距離は物理的にも離れていたが、心の距離はさらに大きかった。ジェイムズは十三歳になり、父親ダーンリとは全く肌合いを異にする学者肌の少年になっていた。

メアリは気晴らしを兼ねて、肖像画を描いてもらうことになった。カトリックの女王として讃美され、ヨーロッパでの需要も大きかったのである。この時に描かれた一連の肖像画は「ザ・シェフィールド・ポートレイツ」として知られている。その中で一番有名なのは、テューダー朝肖像画家の第一人者、ニコラス・ヒリアードのものである。制作年は一五七八年となっている。メアリは黒いドレスを着て、首から十字架を下げていて、磔になったキリスト像が白く浮き上がっている。白のレースの襟飾りは、両肩から少し下がる程幅広く、首回りにはレースが「ラフ」のように頬の横に立ち上がっている。頭にも同じくレースの縁飾りが付いた、針金で形を作った固い「フード」を被り、頭頂から後ろへとレースが垂れている。白いレースに囲まれた顔は美しい顔には違いないが、卵型だった顔は丸くなり、顎も二重になって、フランスから帰国した当時の、若き女王が意気揚々と国を治めようとしていた頃とは大きく変わっていた。多くの困難と苦悩がメアリ女王の肉体と精神を通り抜けるたびに、得体の知れない、何か暗い、何か重いものが層を成して積み重なっていった結果であろう。

目には悲しみと同時に、決然とした意志が漲っているように見える。襲い掛かってくる苦難を、受け止めていく覚悟のようなものさえ窺える。日一日と心の深みを増していく姿を、ヒリアードの卓越した筆はしっかりと捉えている。

第十五章　魂の大聖堂を建てる

メアリはベスとの関係がぎくしゃくしているのを憂鬱に思っていたし、息子ジェイムズとも会えないし、思いを伝えることさえできない。幽閉生活はだらだらと続いていて、何の打開策も見いだせない。行き詰まりの状態で悶々としていた。悲しさに打ちのめされ、絶望的な気持が忍び込んでくるのも感じていた。

一五七九年に、メアリは自分の『時祷書』に、自ら作った十一連の四行詩を書き込み、この時の本心を吐露している。そこには悲観的になり、絶望的な情況を嘆く姿が映し出されている。

この悲しみを癒やしてくれる鎮痛剤等何もない。周囲の人々の気持も様子も変わってしまい、名誉等もはや見えなくなってしまったと落胆する。それでも心は揺れ、次の瞬間には自分が全てを決めることができるのだという意識も頭をもたげる。暗い場所にいれば、そのあたり一面に光を撒き散らすのは自分だけができること、気持の持ち方次第で、状況は全く違ったものにすることができると悟ったりもする。強い自我を持った女性が、「運命」と闘わなければならないことが、悲劇の源である。メアリは「マリゴールド」が象徴する「強さ」、それに忍耐、堅固な自我を、静かだが重い碇のように胸に秘めている。

もはや過去の自分には二度と戻ることができないと嘆きながらも、また一方では、天使の顔を見て柔らかい、温かい心を取り戻す自分もいる。さらに、疑いや恐れを知らない勇敢な人々、不幸が近づいていてもひるんだりしない人々を敬ってみせる。この勇気こそ、メアリが自らに欠けていると案じているが、実際は、女王は雄々しいまでの勇気と決断力を持っているのである。しかし詩の終わりでは、人の運命の厳しさを語り、女王の諦観が滲み出ている。それは、「アザミ」が象徴するスコットランドが、メアリを苦悶させ、絶望に追いやる運命を突きつけることから来ていると言ってもよいであろう。

かつて私のものより悲しい運命があったでしょうか。
ああ、生きているより死ぬ方がまし。
私には悲しみの鎮痛剤等何もないのです
私に対して何もかもがその性質や様子を変えるのです。

澄んで、広々と、天高く舞い上がり、

ああ、今日は名誉がもう見えません。
ここで名誉は進路を閉じました。
それで名誉はここに留まり、
この友情ある岸に頼るのでしょう。

時と日を導き、お決まりの仕事をし、
暗くひっそりした所では、私の歩みを止め、
あたり一面に光と輝きを撒き散らすのです、
それはただ私だけにできること。

軽蔑され、疑いを掛けられ、心は忘れることができましょうか。
過去の不当な取り扱いと苦痛を、
またその悲嘆を見せないでいることができましょうか?
ああ、ひどい後悔でこう叫ぶのも
無理からぬこと、
「私はもはや過去の私ではありません!」と。

もし私たちの心が温かい感情で
光を発するとしたら、
聖なる天使の顔を見詰めることで
あの優しい心持ちが柔らかに忍び寄るのを、
不思議とか、場所違いとか思う
必要はないのです。

私たちの知る限り全ての愛と忠誠に
対しての報酬として、
私はこれ以上を求めはしません。
どうか守護天使よ、嘆願します
私に、あなたに差し上げたのと同じだけの
愛と忠誠をください。

友人たちは私の哀れを悲しむふりをしています
――彼らは私が墓に入ればいいと願っているのです、私の悲嘆を忘れて！
そして、もし息絶え絶えに為す術もなく

横たわっているならば、
私の服を彼らはくじ引きで決めるのです！

武器を持つ権利があるのは
疑いや恐れを知らぬ勇敢な人々――
高貴で強い人々が受け継いできたもの、
彼らは不幸が近づいてもひるんだり
しないのです。

年齢は何をもってしても治すことが
できない病
そして若さは
保つことができない祝福
人の誕生は死を確かなものにするだけ、
幸せは先延ばしにされた苦痛にすぎないのです。[22]

新任の秘書となったクロード・ナウはメアリ女王からこれまでの経緯を聞いて、記録していた。

十九世紀になってこれを本にまとめて、序文を付けたスティーヴンソン神父の言葉「全ての真に高貴な人は、苦しみを通して完全になる」が、文字どおりメアリの一生を表現している。

フランス宮廷の華となった美しく知的で心優しい女王が、北の暗く貧しく荒々しいスコットランドで、悲劇的な事件に遭遇する。そして今、イングランドでも、仕掛けられた罠の真っ只中にいる。メアリは確かに変化した。苦難に潰されそうになりながら、また顔を上げ、何とか希望の光を見つけ出そうと努める。その心の柔軟性こそ、メアリの大きな財産なのである。

一五八〇年、女王は『逆境についてのエッセイ』を書いて、[23]自分の置かれた現状、苦境の中にいる自分の内面を凝視し、思いを深めていく。一歩ずつ自分に向かって差し迫ってくる逃れようのない状況を、深いところで察知し始めて、それに対する心構えを構築し始めるのは、この頃からである。この時にこそメアリの真価が現われる。状況に合わせて自己を新しく適応させ、さらにそれを逆手に取って、新しい自己を創り出す直感力と意志力を示し始めるのである。この苦しみの只中にあって、メアリは堅牢で、見事な魂の大聖堂とも言えるものを、自分だけを頼りに建てていた。

メルヴィルはこの『エッセイ』に目を通す機会があって、ナウに話し掛けるのであった。

「ああ、やはり我が女王、メアリ様だ。このようなものをお書きになられるのは、フランスで高度な教育を受けられ、ギーズ家の薫陶を受け、多くの書を読み、詩やエッセイを書かれることで蓄えられた精神の資源が、いかに豊かであるかを示しているね」

ナウはメルヴィルに応じて言った。

「本当に深い思慮が読み取れるお書き物です。神が与えられた試練を溶鉱炉に喩え、燃える火の中を通過するとやがて純金が作られるように、人も苦しみを乗り越えれば美徳を獲得すると、書いておられる」

メアリは今、揺り籠にいる時に神に命じられた、「女王」という責務を遂行することができない苦境に立たされている。苦しみそのものである。

女王は、苦しみには二つの種類があり、一つは人間の内的な高貴な面に関する苦しみで、最も危険なもの、もう一つは、肉体に関するだけの、それ程ひどくない苦しみとがあると言う。最も危険な方の苦しみについて、こう述べている。怒りが執拗で、神から見捨てられていると感じ、絶望の苦しみ故に、自己破壊という罪を犯す人々の悲劇がある。これは絶望が原因であるか、もしくは悔悟や修正へ向かう傾向が欠けているかのどちらかに依るとメアリは言う。

我々には、メアリ女王は自らがこの「悔悟や修正」を確固として持っていて、この『エッセイ』を書きながら、自己を見詰め、新しい方向を探っているのが見て取れる。さらにナウがメルヴィルに話したように、苦難を溶鉱炉の火に喩え、(ただ溶鉱炉の喩えは、以前ロッホ・リーヴンの内省でも使われている)そこを通過することで純金が作られるように、人も与えられた試練に忍耐を持って立ち向かえば、美徳が生まれると、メアリはまるで自分に言い聞かせるように述べている。

「同じような不幸に遭いながらも、それを愛ある父なる神の手で正しい、愛情のある懲らしめを受けたのだと受け入れ、しかもその神をたびたび深く怒らせたと、告白する人々の運命を考えてみよう。試練は彼らにとってちょうど溶鉱炉が純金に対するようなものである――つまり、彼らの美徳を証明し、長い間盲目だった目を開けさせ、自分を、そして自分の落ち度を知らせる手段である。というのもこれが美徳の始まりであり、世間やその虚栄に対する侮蔑を学ぶ道である。それに試練は、私たち全ての幸せが因っている物質的、精神的な祝福を償いとして我々にくださっている、創造主の喜びに従うことなのである」

「忍耐」がキー・ワードである。メアリ女王は、「私の苦しみの下で完全なる忍耐を与えてくださり、私の人生を正す恵みを与えてくださるのは、神の御心なのかもしれない」と結論づける。女王が忍耐できるように神が計らってくれていると感じるようになっていたのである。神が与える苦難を、たとえそれが何であろうと、身を低くして「忍耐」を持って受け入れることが肝心だと主張している。

事実、「苦しみ」がメアリ女王をより偉大な、より自制心のある、より強い、より深い人間へと変化させているのを、読み取ることができる。

さて我々の目をメアリ女王の内から、外へと向けてみよう。一五八〇年八月、メアリがシェフィールドから大のお気に入りのバックストン温泉に向かう時のこと、落馬して背中を打ち、悪かった体調が更に悪化した。しかももっと深刻なことが起こり始めていた。

女王と息子ジェイムズによるスコットランドの「共同統治」の話が浮上した。それは、一五八一年十一月に、枢密院の書記、ロバート・ビールがセシルの依頼を受けて、シェフィールドに女王を訊ねた時から始まった。女王が持っている権利を息子に譲る意向があるかどうかを尋ねると、女王は息子と共同統治者として王座に戻ることを提案したのである。

この提案を実現すべく、女王はパトリック・グレイという、またしても危なっかしい人物を交渉に当たらせた。グレイはスコットランドでプロテスタントとして育てられたが、フランスに出向いた際、カトリックに改宗し、ギーズ家とも親しくなっていた。表向きにはメアリ女王の支持者である。スコットランドには、一五八三年に戻ってきた。

メアリ女王はグレイに依頼した。

「スコットランド宮廷で、私と息子の二人による共同統治の話を進めてもらいたいのです」

グレイはスコットランドにいるジェイムズと話し合った。

「お母上との共同統治のことをどう思われますか」

「母と私とではまず宗教が違います。考え方にも大きな違いがあるでしょう。共同統治が実現するには、まずエリザベス女王の承認、そしてフランスの承認も必要となります。正直なところ、私はエリザベス女王からご支援いただく方が都合がいいのです」(24)

グレイは、メアリ女王よりもジェイムズの側につく方が得策だと考え、結局、メアリ女王の依頼はほとんど無視してしまった。

ジェイムズは、母がロッホ・リーヴン城幽閉中にその意志に反して王位を強奪されたため、僅か一歳一か月にしてスコットランド王となった。しかしメアリはロッホ・リーヴン城から逃亡に成功して自由の身になった僅かな間に、強制された王座剥奪を無効にしたのであるから、内心では自分が女王と信じていた。[25]

ジェイムズが幼かったため、摂政たちはモレイに始まり、レノックス、マーそしてモートンと次々と代わり、スコットランドの統治に当たっていた。一五八三年にジェイムズは十七歳になった。するとスコットランドの統治を自分の手で行うようになり、ジェイムズに注目が集まるようになった。フランス王ヘンリ三世は、フランスとスコットランドの昔の同盟関係を復活させるべく大使を送った。[26]エリザベス女王もジェイムズを注視していた。

一五八四年夏、今回グレイはジェイムズの代理としてロンドンへ向かった。メアリもグレイに色々と指示をした。特にジェイムズとエリザベスとの交渉の際、メアリの解放を条件の一つとするように要請した。[27]しかし何の成果もなかった。グレイはメアリを裏切り、ジェイムズとエリザベスの利益になる方向で動いただけであった。

一五八四年十一月二十八日、クロード・ナウはメアリ女王の要求に応じて「共同統治」の立案をした。しかしジェイムズの気持はすでに固まっていて、自分の利益を第一に優先し、母親の「自由」への希求など歯牙にもかけなかった。

一五八五年三月、ジェイムズは全枢密院顧問官を集めて言った。

「私は『共同統治』は認められるべきではないと決断した。もうこの話は終わった」

メアリにとっては一大打撃で、自分と息子との心の距離がこれ程大きなものとは思ってもいなかった。グレイの裏切りも痛手だったが、息子ジェイムズの背信には立ち上がれない程の衝撃を受けた。その苦痛は肉体の苦しみとなって現われ、嘔吐し、発作を起こした。

ジェイムズからの「共同統治」拒否を知らせる手紙を読みながら、メアリは激怒した。

「……私はあなたの真の、そして唯一人の女王なのですよ。皇太后等という称号でこれ以上侮辱しないで欲しい。私以外に、スコットランドには王も女王もいないのです(28)」

メアリは一五五八年にフランシスと結婚した時から、フランスのヴァロア王家とスコットランドのステュアート王家が結合して、フランス、スコットランド、そしてイングランド、三つの王国の覇権を握ると教え込まれてきた。いつの日にかエリザベスの後継を確実なものとすることが、メアリにとって第一命題となっていた。それなのに、自分の息子は母親の女王をないがしろにして、エリザベス女王と手を結ぼうとしている。メアリにとってはこれ以上に残酷な背信はなかった。彼女の口から、怒りの言葉が溢れ出た。

「どんな罪も、これ程大きな忘恩に匹敵するものはない。もしジェイムズがその罪を犯して、暴君のように力尽くで、正しくは私に属していて、私を通してでなければどんな権利も持つことができないものを所有するとなれば(29)」

母親メアリの王座復帰への渇望は、息子によっていとも簡単に踏みにじられ、メアリは息子から絶望のどん底に突き落とされた。

「降れば土砂降り」のごとく、メアリに打撃となる事態が次々と起こった。「アソシエイション」(共同統治)とは違うもう一つの「アソシエイション」、正式にはジ・アクト・オブ・アソシエイション(連帯法)が、着々と仕組まれていた。[30] セシルと彼のスパイ・マスター、ウォルシンガムとが話し合った。

「ウォルシンガム、エリザベス女王の生命の安全と、この国のプロテスタント体制を維持するための法令を、議会で通過させる必要がありますよ」

「実際の目的は、メアリを合法的に逮捕したり、処刑したりすることを可能にするものですね」

「そのとおり、ウォルシンガム。エリザベス女王への反逆計画を扇動した者は有罪になろうとなるまいと、つまりエリザベスを排除して、メアリを王座に据えるという目的の陰謀が判明されれば、処刑され、またメアリ自身も、たとえその計画を知らなかったとしても、処刑されるという法令、つまり『連帯法』のことですよ」

メアリ女王を救出して、イングランドの王座に据える陰謀が発覚すれば、陰謀家と共にメアリ自身も、それを知っていようといまいと、彼らと連帯して断罪されるという、イングランド側の企みであった。

セシルとウォルシンガムは、一五八四年十月にこの法案を起草すると、翌年三月には議会で正式に法令として発効した。二人は何としてでもメアリを罠に掛けたかった。まずは罠の大きな枠組みが、これで実現したことになる。

シュルーズベリと妻ベスとの不和は、抜き差しならない状態にまで悪化していた。一五八三年六月頃までには二人は別居していた。

ベスはチャッツワースにいて、そのうちに夫が迎えに来てくれると思っていたが、そうはならなかった。シュルーズベリはベスを忌み嫌っていて、レスターがバックストン温泉を訪れた時、彼に自分の心の内を明かした。ベスへの給金も止めた。シュルーズベリは前年に息子をロンドンのペストで亡くしていて、何もかもうまくいかず苛立っていた。

ベスはシュルーズベリを困らせようと、ますますメアリとの噂話を拡散した。それは悪意のあるもので、メアリは憤った。自らの名誉の問題である。メアリは意を決して、長い間共に刺繍をしながらベスが喋った様々な事柄、特にエリザベスの「自惚れ」や「不道徳」について嘲笑しながら話したことを手紙に書いて、エリザベスに送った。

「ベスは、女王がレスターと一緒にベッドにいるところをたびたび目にした等と、女王についてとても下卑た物言いをしたのですよ。女王が病気で伏せておられた時、ベスは大喜びし、星占いで女王はすぐにも死ぬと出たので、メアリが代わりに王座に就き、その後はジェイムズとアーベラ（ベスの孫、ダーンリの弟チャールズとベスの娘エリザベスの間に生まれた）が王と女王になって君臨するとも言っておりました(31)」

ベスにとっては衝撃的な手紙であったが、エリザベスの目には触れなかったようである。

ベスはチャッツワースから、やはりダービシャーにあるハードウィック・ホールに移り住んだ。この屋敷は自分の祖父そして父が所有していたもので、後にベスの兄の手に渡り、ベスが買い取って自分の物となっていた。後年、古い屋敷はそのままに、新しい屋敷を加えた。威容を誇る屋敷の二階には、真っ直ぐに延びるロング・ギャラリが設けられ、メアリ女王の等身大の肖像画も飾られた。(現在でも、この長いギャラリを歩き、メアリの肖像画を見ることができる。)

一五八四年七月に、メアリはこれを最後にバックストン温泉を訪ねた。あれだけ楽しみにしていた憩いの場だったが、もうここに戻ってくることはないと予感した。シュルーズベリ伯爵が建ててくれたホールの、自分の寝室の窓ガラスにラテン語で削り刻んだ。

「ミルクの温かさで有名なバックストンよ、恐らくもう会うことはないでしょう、さようなら」

一五八四年八月二十五日にはメアリの新しい監視役として、ラルフ・サドラーが就任した。シュルーズベリにとっては長く、苦労の多い任務が、ようやく終わったのであった。胸をなで下ろすと同時に一抹の寂しさも味わったであろう。赤ん坊の時から女王を見てきたサドラーは、厳しい態度で女王に接することはできなかった。

とうとう一五八五年一月初旬、メアリは再びあのじめじめとして、衛生状態が悪く、悪臭を放つ、凍えるタットベリ城へと移された。しかも四月からは、監視役として厳格極まりないサー・エイミアス・ポーレットが着任した。

メアリはポーレットにうんざりして、信頼し、心を許す侍女ジェイン・ケネディやエリザベス・カールに不満を漏らした。

「女王である私に対するポーレットの態度は許せないの。あんな人は、牢屋番がふさわしいわ。私が知る中で、最も粗暴で、最もむごい人間の一人よ」

ジェインは全く共感して、エリザベス・カールの方を向いて報告するように言った。

「本当に醜悪な人よ。私も目撃したけれど、ポーレットが女王様の謁見室に入るなり、椅子の上に付けてある天蓋を引きずり下ろして、大声で叫んだのよ。『イングランドには女王は一人しかいない』と[32]。陛下は、彼が部屋を去るとすぐに、天蓋を元に戻されたわ。王位の象徴なのだから、陛下にとってはとても大事なものよね」

一五八五年の秋、フランス宮廷が、タットベリ城のはなはだしい貧弱ぶりをエリザベス女王に抗議した結果、メアリの住まいはタットベリ城からそれ程遠くない、エセックス伯爵所有のマナー・ハウス、チャートリ・ホールに移されることになった。同年のクリスマス・イヴのことであった。

第十六章　女王救出作戦

囚われの身のスコットランド女王を何とか救い出したいという声は、イングランドのカトリック教徒の間でも、フランスや特にスペインでも上がっていた。

フランスでは女王の亡き叔父ギーズ公爵・フランシスの長男、ギーズ公爵・ヘンリが「カトリック同盟」を結成して、プロテスタントを根絶したいと動いていた。スペインでは、フィリップ二世がネーデルランドで反逆するプロテスタントを制圧して、イングランドに侵攻したいと狙っていた。

一方、イングランドでは、一五八一年にカトリック信仰に帰依することを、反逆罪とする法案が議会を通過した。一五八五年にはイエズス会の修道士が、イングランドの地に足を踏み入れることを反逆罪とした。実は、外国で訓練を受けたイエズス会の修道士たちが、イングランドに戻り始めていて、カトリック勢力回復に力を貸すのは明らかだったからである。

国の内外でカトリックとプロテスタントが敵対していた。このような状況では、プロテスタントのイングランドからすれば、メアリ女王は危険極まりないカトリックの代表で、何とか抹殺してしまいたかった。カトリック側では是が非でも救い出し、自由の身にして、イングランドの王座に据えたかった。

プロテスタントであり、エリザベス女王から特使としてフランスに派遣された身でありながら、メアリ女王の人格、美徳、人間としての魅力に打たれた、あのニコラス・スロックモートン、その甥に、一途なカトリックのフランシス・スロックモートンがいる。彼こそ失敗した「スロックモートンの陰謀」を企てた人物であった。メアリの二人の秘書、ナウとカールは情報を交換し合っていた。

「フランシス・スロックモートンはマドリードとパリを頻繁に往来していて、メアリ女王からの手紙も、女王宛ての手紙も運んでいたのだよ。この陰謀を企てたのは、ギーズ公爵とスロックモートン、取り仕切ったのはスペイン大使メンドサだったのだよ」

「スペインやローマ教皇の援助を得ていたのだろうね」

「そうだよ。それで、イングランド、スコットランドに侵入して、メアリ女王を解放する計画だったのだ。だが、陰謀は露見してしまったのだ。フランシス・スロックモートンは逮捕され、翌年処刑されたが、メンドサは外交官だから特別免除を得て、処刑されずにパリに追放されたというわけだ」

しかし、メアリ救出の陰謀はそれで終わりにはならなかった。もっと華々しく、ロマンティックな情熱に駆られた「バビントンの陰謀」が次に企てられた。メアリはこの陰謀に希望を託していた。というのも息子ジェイムズから裏切られ、しかも息子がエリザベスと「イングランド・スコットランド同盟」を結んだからである。ジェイムズは一五八六年以降一年に四千ポンドの援助金をエリザベスから、受け取ることになっていた。その上、エリザベスの後継者としての権利を得ることが予想されていた。メアリは非道な裏切りにあった今となっては、他に頼る者はいなかったのである。

サー・アントニ・バビントンはダービシャーのカトリックの地主で、かなり裕福、自由な時間も多くあった。二十五歳、結婚して一人娘がいて、イングランド中部地方でカトリック協会の中心的存在となっていた。メアリ女王がフランスから帰国した頃に生まれており、少年の頃、シェフィールドでシュルーズベリの小姓をしていて、女王の姿も拝していた。

女王の秘書、ナウもカールもバビントンの噂は耳にしていた。ナウが言った。

「バビントンはカトリックの大義を広めたいという熱い気持を持っている。とにかく書物もよく読んでいるし、よく旅をし、知性に富んでいて、容姿も優れた青年らしいね」

「振る舞いも魅惑的だし、機知にも富んでいるらしいじゃないか」

「そう、何もかもそろっているね。成年に達してから、さらに学ぶためにフランスに渡ったらしい。その時、カトリックとして国外追放になってパリにいたチャールズ・パジェットやトマス・モーガンと関わりを持ったそうだ。その二人はメアリ女王のスパイとして活動していたそうだよ」

バビントンは、何としてでもメアリ女王を救出したいと願う者たちのリーダーになっていた。

ドイツの詩人、劇作家のフリードリッヒ・シラーが詩劇『メアリ・ステュアート』で創作した、ロマンティックな情熱にかられて女王を助け出そうとするモーティマーは、バビントンがモデルになっている。因みに日本で上演されるメアリ女王の劇作はほとんどが、このシラー作に依っている。創作であるから、史実と異なる点も多い。特にメアリ女王は結局一度もエリザベス女王と会うことはなかったが、シラーは二人を会わせている。

一方、セシル、ウォルシンガム側では、メアリを罠に掛ける準備を着々と進めていた。セシルはウォルシンガムに称えるように言った。

「成功だったのは、ロンドンのフランス大使館にスパイを送り込むことができたことだったね」

「そうだが、もっと大きかったのは元々カトリックだったギルバート・ギフォードを転向させ、私たちの味方に付けるのに成功したことだね」

「本当にそう思うよ。メアリ女王はギフォードの転向に気付きもしていないだろう」

「気付いていないと思うよ。それに、私にとってありがたかったのは、有能なスパイであり、優秀な暗号解読者のトマス・フィリップスを抱えていたことだよ」

厳格な監視人、ポーレットの指示で、メアリは手紙を送ることも、受け取ることも禁じられ、ほぼ外界との連絡が絶たれていた。それなのに、一五八六年一月になって、急に思い掛けず秘密の手紙を受け取った。その上、メアリは土地の酒造家を通して手紙のやり取りができるようになったと知らされ、大喜びをした。だがそれは結局糠喜びとしかならなかった。なぜならセシル、ウォルシンガ側のスパイのネットワークが見事に組み立てられていたからである。

セシルはポーレットにその仕組みを説明した。

「メアリは手紙をフランス語で書くだろう。それを秘書のナウに渡す。するとナウともう一人の秘書カールが、フランス語から英語にし、さらに暗号化するのがメアリ側の手順だよ。その手紙を皮の箱に入れ、チャートリの酒造家に渡すように仕組んでいる。その箱はコルクの樽の栓から滑り込ませ、酒に浮かすわけ。この箱を運び屋のギフォードに渡し、ギフォードが今度はすぐにそれをチャートリの君に渡すのだ。お分かりでしょう、ポーレット。そこに暗号解読の達人トマス・フィリップスがいれば即座に暗号を解読し、解読した物をロンドンのウォルシンガムに渡す。フィリップスがチャートリではなくロンドンにいれば、そこで解読するのだ。だからメアリの手紙も、メアリ宛ての手紙も、全てが解読され、書き写されるようになっている。その上、メアリが用心のため新しく作るかもしれない暗号についての情報も、その手紙に書かれるだろうから、仕事はそう難しくはないさ。透明なガラス越しに見るように、メアリ側の情報は全て筒抜けなのだ。情報を写し取ったら、手紙が入った箱を元通りにして宛先に送り届けるということだ」

ポーレットはこの完璧なスパイ活動に息を呑んだ。

一五八六年春の数か月間の手紙が、フランス大使館に山積みになっていたらしく、メアリは多数の古い手紙を受け取った。また、スコットランドからの急送便の手紙が、ロンドンのバビントンの家にあるという知らせを受けた。パリのトマス・モーガンからも、バビントンと連絡を取っても大丈夫との手紙を受け取ったことから、[33]メアリは安心してバビントンに手紙を書いた。一五八六年六月二十五日のことであった。

女王からのこの手紙は、七月六日にバビントンに届いた。手紙は例のルートを通して送られ、もちろんウォルシンガムは手紙の内容を全て写し取っていた。

バビントンは仲間のバラードたちに背中を押され、メアリ女王に非常に長い手紙を書いて、計画中の作戦の概要を示した。

「お慕い申し上げる女王陛下、そしてカトリックのために、いかなる手段も厭わずやり遂げたいと、覚悟を決めております。要点がいくつかあります。一つは成功を期して、十分な勢力が外国から入ってくること、二つめはこれらの外国人勢力に、イングランドのカトリック支持者がいる至るところで強力な一団が加わること、三つめはメアリ女王の救出、四つめは『不当に奪う競争相手(エリザベス女王)をさっさと片付けることです。[34]あの強奪者(エリザベス)を殺害するために、ローマ教皇から破門になったことで、彼女への服従から解き放された六人の高貴な紳士がいます。皆私の個人的な友人です。彼らはカトリックの大義とメアリ女王陛下への奉仕に対する熱意から、あの悲劇的な遂行を志しております[35]」

メアリがこの手紙を受け取ったのは七月十四日で、十分に考えを巡らせた。この時のメアリの心理状態は、苦悶し、絶望し、他の救いの道は見つからず、この陰謀に望みを託すしかないというものであった。とにかくまずは自由の身になることが先決であった。

メアリは決心をして、七月十七日に非常に長い手紙をバビントンに書いて、基本的に彼の計画を承認した。

「ことはこのように整い、武力は国の内、外両方で準備できていますね。ですから六人の紳士方に計画が完了したら、実行に移す指令を出してもらう時でしょう。私は突然この場所から連れ出され、あなた方全ての軍勢が準備を整えて私を出迎え、外国の支援が来るのを待つことになるのですね(36)」

メアリの手紙は例のルートに従って送られ、フィリップスが暗号を解読すると、決定的な手紙と悟り、この解読文に絞首台の絵を描いて、ウォルシンガムに渡した。

メアリはエリザベスの暗殺も、外国人勢力を受け入れることも容認したのである。正当な権利等なく、このように自分の自由が拘束されている身として、拘束しているエリザベスの身の安全を心配する心の余裕はないというのが、正直なところであった。

実は、ウォルシンガムはメアリの手紙に、「偽造した追伸」を付け加えていた。ちょうど「銀箱の手紙」にセシルが手を加えたように。この「追伸」は、メアリが、バビントンの手紙で言及された六人の紳士の名前を尋ねるというものである。それによって、メアリの犯罪性をさらに明白にする意図であった。メアリからの手紙を受け取ったバビントンは手紙を焼却したので、手紙の実物も、

「追伸」も存在しない。ただ、ウォルシンガム所有の手紙の写しにはそのまま残っている。

ウォルシンガムはセシルに誇らしげに言った。

「何もかも筒抜けですね。早急に手を打たなければ危険極まりないところに来ておりますよ」

「大丈夫だ。手厳しく処分してやるよ。バラードが逮捕された。バビントンの逮捕もそう時間は掛からないだろう。皆ロンドン塔送りだ」

バビントンは八月十四日に逮捕された。


メアリ女王は外の世界で起きている事態は何も知らず、チャートリに籠もっていた。ところが八月十一日、珍しいことに、あの厳格で、冷酷無比なポーレットが女王を誘った。

「メアリ女王、今日は天気も良いし、狩りに出掛けませんか」

「本当に？　嬉しいわ。出掛けましょう、そうしましょう。滅多にないことですので、思い切りおめかししましょう」

メアリは喜び勇んで、飛び切り気に入りの衣装に身を包んだ。お付きの者たちも皆、女王に敬意を表して正装をした。女王にはナウとカール、メルヴィル、忠実な従者バスティアン、侍医のブルゴワン等が同行した。

とても良い気分で出掛けていると、ポーレットは女王一行から後れを取って背後にいた。彼は病み上がりだったので、気分でも悪いのかしらとメアリは思っていた。すると、彼が女王の傍にやって来た。

「メアリ女王、ご紹介しましょう。今、馬から降りたこの紳士は、トマス・ゴージスといいます」

この特別の機会に合わせるつもりで、ゴージスは緑色のサージに派手に刺繍が施された身繕いをし、一団の兵士を引き連れて、メアリ女王の前に進み出た。

「私は、エリザベス女王陛下の使者としてここに参りました。マダム、私の女王は、マダムと結んだ協定と約束に反して、我が女王陛下と国に対して陰謀を企てられたことを、非常に不思議に思っておられます。もしエリザベス女王陛下が、ご自分の目でその証拠を見て確認されなかったら、信じることはおできにならなかったことでしょう。さあ、ティクソールに一緒に参りましょう。サー・ウォルター・アストンの邸宅があります。そこにしばらく滞在していただきたいのです[37]」

「何のことかよく分かりません。なぜ私がその様な所に行かなくてはならないのですか。行きません。絶対に行きませんよ」

メアリは地面に座り込んで、抗った。侍医のブルゴワンがなだめると、メアリは嫌々ながらも、ゴージス一行に従わざるを得なかった。

イングランド側の狙いは、この間たっぷりと時間を掛けて、陰謀家たちの裁判を行ない、メアリの証拠を徹底的に集めることであった。

メアリは侍医に付き添われてティクソールに向かった。ナウとカールは、為す術もなくロンドンの監獄に連れて行かれた。メアリはティクソールで二週間過ごすことになった。この二週間という時間は、メアリが今真に置かれている立場を残酷にも悟らせるものであり、さらに命、時間、神、人のあり方等への考えを深めることになるものであった。また一方で、もはや自分に残されたものは何もない、欲しいものも何もないという無力感に襲われもした。

二週間の滞在が終わり、ティクソールを出る時、庭園の門に傍観者たちが集まって来た。慈善の人としてよく知られたメアリに物乞いする貧しい者たちもいた。

「女王様、何かお恵みくださいませ」

「ああ、残念ながらあなたたちに差し上げる物は一つとしてありません。私もあなたたちと同じ乞食です。全てを、奪い取られてしまったのですから[38]」

かつては名誉も、地位も、物も、若さも、美しさも、全て所有していたメアリ女王は、今や全て失ってしまった。

チャートリに戻って来た。留守中に女王を案じていた侍従や侍女たちが一人ひとり出迎えてくれた。

「女王陛下、お帰りなさいませ。ご無事で安心いたしました」

「メアリ女王様、お帰りをお待ち申し上げておりました。お姿を拝見してこの上なく嬉しく思います」

家人から、温かく迎えてもらい、メアリも皆も一緒に涙を流して、再会を喜び合った。そこには、家族から迎えられるような温かさ、真心、忠誠心があった。

しかし、女王の居室は目も当てられない状態になっていた。引き出しも戸棚も何もかも荒らされ、手紙、下書き、覚え書き、そして暗号の手引き表も、全部ウォルシンガムのところに持って行かれた。

その上、ポーレットが部屋に来て、お金まで持っていこうとした。メアリは懇願した。

「どうかお金だけは持っていかないでください。私の葬儀費用と、私の死後、奉公人たちがそれぞれの出身地に戻る費用なのですから」

「上からの命令とあって、執行しないわけにはいかない。お金は持っていく」

女王は無慈悲なポーレットに叫んだ。

「次から次に私から奪っていって、遂に私は全てを失しなったわ。でも、よく聞くのよ、ポーレット、私には二つだけ誰も奪うことができないものがあるの。それは『王家の血と宗教』よ。この二つは死ぬまで持ち続けるわ」

断言どおり、メアリは最後の最後までそれを見事に、力強く、誇り高く保持した。覚悟を決めると人は驚く程強くなる。メアリは圧力に押し潰されるよりは、むしろそれを跳ね返しても余りある新しい力を得たといった方が適切かもしれない。

エリザベス女王は今度のことがあって、自分の命の危険というものを現実的なものとして捉えるようになり、恐怖を覚え始め、ウィンザー城の砦に身を隠した。

それでもなお、エリザベスとセシルの間では、王政に関しての考え方が決定的に異なっていた。

早く、確実にメアリを殺したいとはやるセシルと、聖油を塗られた女王を処刑などして、高く掲げた王政の理想を汚したくないと強く信じるエリザベスは、意見が合わないのである。エリザベスとしては、健康を損ねてしまっているメアリが、自然死してくれればいいと願っていた。

一五八六年九月中旬、バビントンは裁判で有罪になり、公開処刑にされた。体中を切り刻まれ、陰部は切り取られ、生きながらにして内蔵を取り出され、四つ切りにされた。ナウもカールも残酷な取り調べを受けた。彼らが書いた手紙を目の前に示されては、告白するしかなかった。ナウはフランスに戻ることが許されたが、カールは一年間監禁された。

メアリは、固い決意で自分の運命を、自分の力で切り拓こうと考えていた。自分の持っている全ての才能、積み上げてきた知識、教養、判断力を総動員して、襲いかかってくる御しがたい運命に、最良のやり方で取り組みたいとの心構えでいた。もはや、願いは生き長らえることではなく、死して勝利することであった。

第十七章　祈る人

メアリ女王は以前にも増して祈るようになった。祈りの中での神との対話は、迫り来る時間と命の終わりに向けて、いかにすれば与えられた命、女王としての命に、最大限に報いることができるのか、咲き尽くして完成させることができるのかを問うことであった。

バビントンの陰謀による、エリザベスの命を狙い、メアリを王座に据える計画が発覚した後、急転直下事態が動き始めた。セシル、ウォルシンガム側は、メアリを裁判に掛けて、処刑へと導く行程をしっかりと頭に入れ、準備万端でことを急いだ。

一五八六年九月二十五日メアリは、ポーレットとゴージスに先導され、チャートリから四日程かけて、ノーサンプトンシャーにあるフォザリンへイ城に連れて来られた。

フォザリンへイ城は元々、スコットランド王デイヴィッドのイングランドの花嫁、モード・ドゥ・サンリスの結婚持参金として与えられた城であるから、メアリの先祖のものであった。しかし一五八六年には、主に監獄として使われていた。三方を二重の堀に囲まれ、残る一方はニーン川に面していて、川の向こうには遠々と平たい緑の野原が広がっている。堀の上のスロープに点在して咲くアザミも、秋風に打たれて萎れていた。

フォザリンへイ城に着く頃には、メアリは憔悴しきっていた。侍医のブルゴワンはメルヴィルに報告した。

「メルヴィル、女王陛下のご体調は良くありません。リューマチに苦しまれ、足は腫れ上がっています。お気の毒ですが、なかなか妙薬が見つからないのです」

「時々見るのも辛い時がありますよ。四十三歳という年齢よりはずっと老けて見えると思いませんか、先生。致し方ないこととはいえ、幽閉のストレス、運動不足が女王の老いを早めているに違いないのでしょう」

「メルヴィル、一番のストレスはメアリ女王がエリザベス女王とお会いになることができないため、女王同士としての打開策を見出せずにいらっしゃることだと思うのです。何とか手助けしてくれるというエリザベス女王の約束があったのに、夢はだらだらと延ばされたままです。とうとう一度も顔と顔を合わせて話し合われることも叶わず、イングランドの囚人にされたままでいる状態へのお怒りと苛立ちは、想像を絶するものがあると思いますよ」

ブルゴワンは、侍医として最後の最後までメアリを支えた。医師として冷静で、知的で、客観的な見方を持ちながらも、メアリ女王に献身し、共感し、温情を抱いて、女王の最も困難な、厳しい最後の日までの七か月の日々を日誌に書き綴っている。

「メルヴィル、不思議に思うかもしれないが、ここのところ女王陛下の心臓の鼓動は早くなり、陽気になられて、今までになく健康状態が良くなっておられるのですよ」

「先生、どんなご心境の変化があったのでしょうかね」

メアリはすでに死を覚悟していた。この限られた状況と時間の中で、頭脳も心情も最高に研ぎ澄ませて、いかにすれば自分の死が最も意義のあるもの、勝利へと導かれるのかを考えていた。すでに心は決まっていた。復讐等という自らを低くすることは問題外である。カトリックの大義に命を捧げること、もう一つは、正当なイングランド王座継承権希求に命を投げ出したスコットランド人の女王というイメージを、全世界に向けて発信することであった。極限状態に近づきつつも、自己崩壊するどころか、逆に女王らしく、力強く、勇敢に自己を再創造したのである。

一五八六年十月一日、監視人ポーレットがメアリに対して、自らの過ちを認めて許しを乞う方が身のためと助言すると、メアリは毅然とした顔をして、誇り高く言い返した。

「私は真に創造主に対して罪を犯してきたことを意識しています。そして主にお許しを乞います。しかし、女王、主権者としては、この地上の誰に対しても責任を負うべき、何の過ちも罪も犯したとは思っていません。だから、私は罪を犯すはずもなく、許しを乞いたいとも思いませんし、受け入れることもありません(39)」

この女王と監視人、ポーレットとの会話は、これから四か月あまりの間に、女王の命をめぐって繰り広げられる出来事を予兆している。

セシルが長い間、自分の人生の最重要課題として目指してきたメアリ女王の排除、抹殺の計画実行開始の鐘が鳴り始めていた。セシルの準備は万端であった。メアリがフランシス二世の妃となり、強大なギーズ家の勢力を背景に、フランス、ヴァロア王家の帝国確立の野望の重要な一部に組み込まれた時から、セシルは心の準備を始めていた。彼はイングランド、エリザベス、プロテスタントを死守するという強固な意志で、メアリ女王に刃向ってきたのである。いよいよ実現の時が近づいてきていた。

メアリ女王を、「連帯法」に則って、裁判へ掛ける歯車が急ピッチで動き始めた。たとえメアリが陰謀に直接関与していなくとも、イングランド王位継承権を剥奪し、処刑することを可能にするものである。

一五八六年十月八日、二十四名の貴族、枢密院顧問官による審議官が任命され、証拠も準備され、彼らは裁判を開くことは妥当だと決定した。十月十一日にはほとんどの審議官が、フォザリンヘイ城に集合した。

審議官のうち高位の者は城に宿泊し、他の者は城の近くの村に宿を取った。十月九日、日曜日、城の礼拝堂で礼拝を済ますと、ポーレットを含む代表団がエリザベスの手紙を持って、メアリの部屋に向かった。手紙には要約するとこう書かれていた。

「スコットランド女王は私に対する陰謀に加担していないと主張しているが、証拠がある。よって、メアリ女王を取り調べ、裁判に掛けるのが妥当である。加えてメアリ女王はイングランドに滞在し、私の庇護の下にある。故にイングランドの法に従わねばならない」

手紙が読み終えられると、メアリは威厳を正して応じた。

「私は自らが女王です。王の娘であり、イングランド女王の正真正銘の血縁です。私は敵や反逆する臣民に対抗すべく、従姉が助けてくれるという約束があってイングランドに来たのです。それなのに収監され、十八年も経ち、エリザベス女王の手でいつも苛酷な扱いを受け、絶えず試練を受けてきました。何度も好意的な、正直な気持で女王との話し合いを申し出ました。しかし、いつも敵から妨害されたのです。女王として私は命令に服することもできませんし、この国の法に服することもできません。私自身、王である私の息子、そして、他の全ての同盟を結んだ君主たちを害することと等できません(40)……」

メアリはこう訴えて、出廷を拒否した。

翌十日、月曜日の午前十時頃、メアリが早い正餐を取るためにテーブルに着いた時、ポーレットたちが来て、審議官たちに会ってもらえるかどうか尋ねた。イングランドの国璽を持った先導役に続いて、一人また一人とメアリ女王に謁見した。大法官が代表して話した。

「イングランド女王の命令により参りました。我が女王によると、スコットランド女王はイングランド女王の命、イングランド王国に対する陰謀に加担した罪で告発されており、この件でいくつか取り調べを行なうことが承認されました。なお、統治者であっても、囚人であっても、イングランドの法に従うことから免れることはできません。もしスコットランド女王が出廷を拒めば、審議官は女王不在のまま、訴訟手続きを進めます」

メアリは抗議するように言い放った。

「議会ならば、どんな尋問にも進んで答えましょう。しかし、これら選ばれた審議官の前では拒否します。彼らは裁判の始まる前から、すでに結論を出しているからです。あなたたちの良心に問うのです。そして、世界の劇場は、イングランド王国より広いということを覚えておくのです(41)」

メアリは、自分が受けた不当な処遇は、今に世界を舞台に伝えられることになると警告したのである。その警告どおり、今や非常に有名になったこの台詞、四百年以上経った今でも世界中で知られることになり、胸深く刻まれる言葉となった。

その日の午後にも、また代表団が儀式張ったやり方でメアリの所に来て、何とか裁判に出廷するように勧めた。双方が譲らず、やり取りは日が暮れるまで続いた。メアリはエリザベスの手紙にあった「庇護」に異論を唱え、庇護どころの話ではないと主張した。もう一つはメアリが裁かれようとしている法律に関しても、批判した。セシルや数人の審議官を前にして、メアリは自らの法律論を雄弁に堂々と繰り広げた。どの法律で裁くとしても、イングランドの法律は不備であることを指摘した。

さらにメアリは自分を陥れるために、大急ぎでここ一、二年に作った「連帯法」が援用されようとしていることも認識していて、代表団に表明した。

「この新しい法律は、私を害するために使われることはできません。私は異国人です。従ってその法に従属しませんし、さらに特異なのは、異なる宗教に帰属していることです。私はカトリック教徒であると告白します。そしてこの宗教のためにこそ死にたいのです。最後の一滴まで私の血を流したいのです。このことでは、どうか私を助けたりしないでください。心の準備はできておりますし、そう望んでおります。もし神がこのいさかいで私に死をお恵みくだされば、とても幸せです[42]」

メアリは翌日から始まる裁判に出廷するか否かで懊悩した。一方で女王である自分が出廷することを恐れたが、また一方では、出廷せず沈黙すれば、それを有罪の証拠と捉えるであろう。考え続けた結果、朝方になって出廷すると決めた。遂にメアリは公開の裁きの場に、外国の香油を塗られた女王が出廷するという異常な事態と向き合うことになった。

しかしどちらを向いてもメアリには出口は見つからず、いずれにしても命の終わりは視野の中に入ってきていた。生きるか死ぬかではなく、いかに死ぬかが重大であった。もうルービコンを渡り、後戻りはできなかった。

十月十四日、金曜日の朝、裁判の初日が始まった。場所はメアリの部屋のすぐ近くで、城の大ホールの真上にある大広間であった。侍医のブルゴワンが細かに記録しているように[43]、大広間の上座に壇があってイングランド紋章で飾られ、玉座にはエリザベス女王の紋章が付いていた。その壇の手前、玉座の一方に椅子がメアリ女王用に準備されていた。椅子はメアリの真紅のヴェルヴェットの椅子で、足用の椅子のクッションもお揃いのものであった。部屋の両端にテーブルが置かれ、右側には大法官ブロムリ、大蔵大臣セシル、伯爵たちが座っていた。貴族たちの前には、二人の主要判事、他にも四人の判事と二人の法律専門家が座り、壇の前にはメアリ女王の代表者たちと、法務長官、法務次官、書司、書記等が陣取っていた。

午前九時、メアリ女王が入場した。一団の槍斧兵に警護され、黒いヴェルヴェットのガウンを着て、頭には彼女特有のいつもの白い固い「フード」を被り、それには白の長い極薄のヴェールが付いていた。メルヴィルとブルゴワンが双方から女王を支えた。リュウマチで足が腫れ、ひどく痛んだが、態度は相変わらず女王然としていた。医師、薬剤師、三人の侍女が後から続いた。女王が審議官たちの前を通ると、彼らは敬意を表わして帽子を取った。

メアリは自分の席が壇上の玉座ではないことを知ると、驚愕して叫んだ。

「私は生まれながらにして女王です。私の場所はあの壇上のはず」

少し取り乱しはしたが、すぐに平静を取り戻して、集まっている人々を見渡した。メアリはメルヴィルに向かって悲しげに言った。

「ああ！　ここには多くの法律顧問官がいるというのに、私には一人もいない」

大法官が開廷を宣言して、訴訟手続きが始まった。スコットランド女王が告発された経緯を述べると、それに応じてメアリが発言し、この審議会への出席に同意した理由を述べた。

「エリザベス女王の臣民としてではなく、単に私の無実を晴らしたいという思い、全世界に向けて、エリザベス女王に対するこの犯罪を行なっていないということを示したいからだけです(44)」

メアリ訴追に関する三つの証拠は、バビントンが書いたメアリ宛ての手紙の写し、女王がバビントンに宛てた手紙の写し、それに秘書のナウとカールの証言証書であった。これらを中心に審理が始まった。

バビントンはメアリの要望で彼女の手紙はすぐ焼却処分にしているはずだし、メアリは自分の手紙が盗み見られていることも知らなかったし、バビントンが逮捕されて自白し、有罪を認めたことも知らなかったのである。メアリは陳述した。

「私はバビントンに一度も会ったことはありませんし、彼と取引など決してしていませんし、あの六名のことも何も知りません」

ここで、女王とバビントンの間で交わされた手紙の写しが審議官たちに回覧された。この時メアリは口を挟んだ。

「証拠となる手紙は写しではなく、原物を出して、写しと並べて見せて欲しいものです。また私の暗号が敵によって改ざんされた可能性もあるのではないですか」

メアリは自分に対する告発を退けてもらいたい、また自分がどれ程自由を欲していたかを主張した。

「私は熱く自由を願っておりました。それを手に入れるために、できる限りのことを行ったのは否定しません。それは自然な願いではないでしょうか。友人に手紙を書いたことは事実です。十九年近くも牢獄で惨めに弱り果て、そこから逃げ出す手助けをしてくれるように訴えたのは事実です(45)」

メアリとしては、エリザベスの命を奪ってまでも、イングランド王座に就こうと考えていなかったのは、事実であろう。ただ、この不当な監禁生活から何としても自由になりたいと切望していた。カトリックの支援者が女王を解放したい、エリザベスの命を奪って、メアリにその座を与えたいと熱望して行動を起こそうとした。この時、メアリの頭に第一にあったのは、エリザベスの命の安全ではなく、自分の不当な拘束からの解放であった。だから、自らの良心に照らしても、やましいという気持はなかった。

この日の審理が終わって部屋に戻って来たメアリは、臣下に報告した。

「午後は、ナウとカールの宣誓証書と自白を中心に審議されたの。証拠となるものが順番に提出されるわけではないので、返答するのに混乱してしまったわ。私が答えても、それを議論するわけでもなく、審議官たちはただ真実か否かを表明するだけだったの。手続きとしては、いつも読み上げるだけか、女王有罪を出席者に説得するというだけのものよ。『キリストの受難』の場面とそっくりだわ。審議官たちは私を、まるでユダヤ人が『彼を連れて行け、彼を連れて行け、十字架に磔にせよ』と言ってキリストを責め立てたのと同じように、私を取り扱ったのよ(46)」

ブルゴワンは女王を褒め称えた。

「そんな中でも、女王陛下は平静さを保たれ、彼らが激しくなればなる程、返答される際にいっそう勇敢になられ、堂々とされていたのですよ」

このような状況の中でも、メアリは女王として守るべき名誉、威厳、義務感は寸分たりとも失ってはいなかった。審議官たちに訴えるように思いを吐露するのであった。

「私はスコットランド王ジェイムズ五世の娘であり、ヘンリ七世の曾孫で、この事実を誰であろうと何であろうと奪うことはできません。姉、エリザベス女王の権利は認め、自分は合法的に、最も近い後継としての地位を望むのに、何の良心の咎めも感じません。敵は私のこの権利を奪おうと様々に画策し、害を与え、非合法な手段を使い、命さえ狙ってきました。しかし最終的には、神が裁いてくださいます」

メアリは続けて、自分が真に信じるところを披瀝するのであった。

「神は御手を延ばして私に苦しみを与えられました。神の喜びとして与えられた、苦難に耐えるという恩寵をくださいました。私は復讐を望みません。それは神にお任せします。神こそ無実の者たち、神の名ゆえに苦しんだ人々の正しい復讐人です。ですから神のお力とご意志にこそ、身を任せます(47)」

ナウとカールに関する尋問の時、女王はなぜナウとカールは自分のいる場所で尋問を受けないのかと抗議した。

「もし彼らの証言を確認したと言うのなら、何故二人はこの場にいないのですか。確かにナウはフランス王に仕えている身なので、私の意に沿わないことも企てたかもしれません。彼には公では言えない色々と変なところ、好み、意図とあり、それをとても残念に思います。私にこのように大きな不正を行なったのですから。でも、私の秘書を責めたいとは思いません。きっと二人は拷問と死への恐怖から発言したに違いありません(48)」

いつものメアリらしく、慈悲心が頭をもたげるのであった。後には、ナウに年金まで与えたのである。

会場は、それぞれの審議官が有罪を叫ぶ騒がしい音で蜂の巣をつついた状態になった。それでも、メアリは相談相手もなく、証人となってくれる人もなく、書類もなく、ただ自分一人の強靭な意志と聡明さを頼りに、女王の威厳、寛大さを失うことなく裁判の第一日を終えた。

十月十五日、土曜日、裁判の二日目の朝はまず女王の祈祷室での祈り、自分の名誉と命を守ってもらうようにとの嘆願で始まった。

前日、審議官たちが有罪だ有罪だと叫ぶ騒がしい音がまだメアリの耳にこびり付いていたし、翌日の猛攻にいかに備えようかと考えていてよく眠れなかった。

メアリはまず始めに、この審議会に出席している皆の前で一言話させて欲しいと伝えた。女王たる自分がこのような立場に置かれ、昨日のような手荒い扱いを受けたことへの抗議であった。

「私の取り扱われ方が、非常に不思議に思えるのです。女王の地位にいる者が持つ特権に反して、このような裁判の場に連れて来られたことだけでなく、私の訴訟が、普通王侯たちの諸事に雇われる人々によって議論されていないということです。弁護士と言っても、小さな町の取るに足りない、よくあるお決まりの問題を裁く人たちの寄り集まりで、とても女王を裁く立場に等ない人々によって責め立てられているのは、不満以外の何ものでもありません。思うに、あなた方の中でたった一人として、たとえ最も賢い人であったとしても、もし私の立場にいたら、抗ったり、自己弁護できる人はいないでしょう。私はたった一人で、不意を襲われ、あのように多くの人々に返答させられたのです。彼らは私に友好的ではなく、長い間この機会に向けて準備をしてきたでしょう。それに真実を発見して、審議会から与えられた義務を完遂するというよりは、極度の偏見と怒りに動かされているだけです(49)」

この抗議の後では、前日に比べると彼らの態度はより丁重になった。

二日目の議論は主にエリザベス女王打倒の件とメアリが諸外国の君主たちと文通して、幽閉の身から解放してもらう企てに関してであった。議論が双方で交わされたが、メアリが主張したのは、二つの望みに関してであった。一つは自らの解放、もう一つは苦しめられているカトリック教徒の解放であった。メアリのカトリック教徒たちとの一体感は、以前にも増して強いものになっていた。

議論の後、セシルがメアリに言った。

「よろしかったら陛下、もうお引き下がりいただいて結構です。私たちは残って、陛下のいらっしゃらない所で結論を出します」

　メアリは無視して話し続けた。すると法務長官が、メアリに言った。

「ご自分を弁護されるために、何か付け加えることがおありでしょうか」

「もう一度要求します。議会で私の主張を聞いて欲しいのです。それにもう一つ、個人的にエリザベス女王に会って、話し合いたいのです。女王なら、他の女王に対してもっと敬意を示してくださるでしょう[50]」

　メアリは席を立ちながら、審議官たちに向かって思うところを伝えた。この時のメアリは、まるで罪人を許すように訴えた、十字架のキリストのように見えた。責め立てられる女王が逆に、無慈悲に騒ぎ立てる審議官たちに、心の余裕を持って慈悲心さえ示すのは、いかにもメアリらしい。

「このように色々とありましたが、私はこの会に出席の誰一人に対しても悪意を持ったりしませんし、私に対してあなた方が言ったこと、行なったこと全てを許します。そしてここに臨席の誰一人に対しても、良き巡り合わせを願わない人はいませんし、むしろ進んで喜びを与えたいと思います[51]」

　メアリは、いつものように女王であり続け、威厳を持ち続けていた。

「貴族、紳士の皆様、私はこの問題を神の御手に委ねます」

　メアリは弁護士たちがいるテーブルの横を通る時、囁くように言った。

「あなた方は私を責める際、ほとんど慈悲心を示してくれませんでしたし、私を幾分無礼に扱いましたね。でも、どうか神があなた方を許してくださいますように、二度とあなた方と関係を持つことがありませんように(52)」

こう言い終わると、メアリと彼らはお互いに微笑みを交わし合ったのである。

十四日、金曜日の真夜中、エリザベス女王はウィンザー城から手紙を送った。そこには、たとえあの囚人メアリが有罪となったとしても、自分が報告を聞き、結論を出すまでは判決を控えるようにと書かれていた。従ってこの会は十日間休会になり、次は十月二十五日、ロンドンのウェストミンスター宮殿にある、青色の天井に金箔の星が煌めく「星室庁《スター・チェインバー》」で行われることになった。

最終的な判決が下されるまで宙ぶらりんの状態であったが、メアリは心の平静を保っていた。ブルゴワンはメルヴィルに話した。

「メアリ女王は不安に駆られたり、情緒が不安定になったりされることもなく、むしろここ七か月で最も喜びに満ち、いつも気を楽にしていらっしゃるご様子ですね、メルヴィル」

「先生、私も同じ印象を受けていました。楽しい話だけをされ、一日のかなりの時間をイングランドの歴史を学んで過ごされ、読まれたものを臣下と話し合ったりされております」

メアリには、あのセシル以下の告発人たちがどう結論を下すかは分かっていて、最悪の状態に対する心構えをしていた。心を決めた人の強さと穏やかさを維持して、静かに読書する日々であった。

監視人ポーレットが、エリザベス女王の要請を受けて、メアリの様子を窺うためやって来た。ポーレットが驚いたことに、メアリはとても陽気に話し、読書のことにも触れた。

「ポーレット、イングランドの歴史を読むと、流血が止むことがないのに気付いたのよ」

「マダム、他の国でも同じことが起こっていたのですよ。国が重大な危険に脅かされた時には、流血以上に必要となるものは他にありませんから」

さらに、メアリは晴れやかな気持で主張した。

「ポーレット、私の良心は安らかですよ。何も心を掻き乱したり、困惑させたりするものはないのです。告発されたことでは、私の良心は完璧に澄んでいますよ」(53)

エリザベスがポーレットを通して望んだのは、メアリに罪の告白をしてもらうことであった。しかし、メアリの思うところは、微塵も揺らぐことはなかった。

予定どおり、十月二十五日にはウェストミンスター宮殿の「星室庁」に審議官たちが集まり、一人を除く全員がスコットランド女王・メアリを有罪とした。数日後、議会の両院は、エリザベス女王に声明を出し、スコットランド女王有罪の判決を実行に移すように請願した。メアリ女王の処刑以外に、エリザベスの安全を守る方法はないと断言した。

エリザベスは実行するより、いつものように考え込むのであった。

「メアリとは、性も、社会的地位も同じ、同じ血統、血筋においても、私に最も近い人が、このような大罪を犯して、これ程悲しいことはない」

こう呟くばかりであった。十二日後に、議会の両院に、エリザベスは自分の考えるところを知らせた。

「この件を再考してもらいたい。スコットランド女王の命を救い、同時に私の安全も保たれる良い方法を考えるのです[54]」

議会の両院は改めて、刑の執行を強く願い出たが、エリザベスの答えは生ぬるく、失望した。しかし、エリザベスが内心考えあぐねていたのも事実である。


一方で、事態は進んでいた。セシルがことを急がせたのである。バックハースト卿と枢密院書記のビールが、スコットランド女王に対して死刑判決が「星室庁」で下されたことを伝えるため、フォザリンヘイ城へ向かった。十一月十九日夜到着し、二人はポーレットと話し合いをし、いったん村に戻って一泊した。翌日、正餐の後、バックハーストはポーレット、ドゥルアリ、ビールと共にメアリと会見することになった。バックハーストがことの成り行きをメアリに説明した。

「マダム、エリザベス女王は処刑という手段には同意されておりませんが、議会から急き立てられていますので、不同意を貫くことは不可能なはずです。このような状況ですから、メアリ女王に不意打ちをして驚かせることがないように、死の覚悟をしていただくために、ビールと共にここに派遣されました。また、ピータバラのプロテスタントの司教に来てもらうようにいたしますので、よくご自分の良心に問いかけ、過ちを認め、悔い改めることをお勧めいたします[55]」

メアリは冷静に受け答えた。

「このような結末に至ることは、長い間分かっていました。でも、改めて主張しますが、エリザベス女王に傷を負わせるような陰謀を、自ら企てたことは決してありません」

メアリは心を固めていた。自分の命を宗教に捧げよう。宗教のいさかい（カトリック対プロテスタント）において、神からの恩寵を受け、自分がカトリックのために喜んで血を流すのだと、心に決めた。

心を決めれば、もはや恐れるものはなかった。より良い永遠の世界へ向けて心の準備をし、この世で自分に尽くしてくれた人々に、できる限りの礼をするという点に集中するのであった。いかにしたら自分に仕えてくれた者たちに、今この限られた状況の中で、最上のことができるだろうかと思案した。もう僅かしか残されていないこの世での時間を、最大限に「拡大して」使わなければならない。与えられた厳しい状況をできる限り自分のものとして、そこから最上のことを引き出していく、新しい自分を創り出していく、見事な能力をメアリは秘めていた。

この世の終わりが近くなっても、敵側からの攻撃は続いた。十一月二十一日にバックハーストがフォザリンヘイ城を去ると、ポーレットはドゥルアリとメアリ女王の部屋にやってきた。エリザベス女王からの命令だと言って、王家の紋章が付いた玉座の台座を取り払うように命じた。

「メアリ、あんたは今や死んだ女、女王の威厳も名誉もないのだよ」

「いいえ、神が女王となさったのです。聖油を塗られ、委ねられ、女王とされたのです。神からのみ私はこの地位を受け、神だけにそれをお返しするのです。私の魂と共に。私はあなた方の女王を私の上位者とも、彼女の異端の枢密院や貴族たちを私の裁判官とも認めません。ですから、私は女王として死にます。彼らは私に対して何の力も及ぼすことはできないのです[56]」

この言葉を聞くと、ポーレットはメアリ女王の臣下に台座を取り払うように命じた。彼らは拒み、二人に向けて今に復讐が下ると叫んだ。ポーレットは兵士を呼び、台座を床に投げさせ、ビリヤードのテーブルも取り払った。メアリはびくともせず、台座があった所に十字架を置いた。

メアリはバックハーストと会見した時、心の中で自分と会話し、気付いていた。

「ああ、労働者たちが働く音がする。断頭台の準備をしている音に違いない。死に近づく時計の針の音より生々しい、騒がしい音。私にはもう時間がない。しなければならないことが山積している」

メアリは侍従や侍女たちに伝えておきたいことがあった。

「あなたたちに二つのことを明白にしておきたいのです。一つは、私がカトリック教徒として死ぬということ、もう一つは、告発された罪に対しては全く潔白であるということです。このことを、私が死んだら証人として、指名する人々全員に、使命として伝えることを誓ってもらいたいのです[57]」

メアリはまず二日掛けて四人に手紙を書いた。十一月二十三日から二十四日にかけてローマ教皇・シクタス五世、グラズゴウの大司教ビートン、元スペイン大使メンドサ、従弟のギーズ公爵に宛てた。

メンドサには、メアリが以前伝えていたことを再び言及する形になった。

「あなたの主人でいらっしゃる、スペイン王フィリップ二世に、私の権利と信じるイングランド王座への継承権をお渡しします。もし私の息子がカトリックに改宗しなければ、この島を守るのに、これ程優れた、これ程ふさわしい君主は他にいません。ダイアモンドをあなたに贈りますので、私の深い感謝の気持として持っていて欲しいのです。これは、ノーフォーク公爵が忠誠の印として私に贈ってくださり、ほとんどいつも身に着け、大切にしていたものです。繰り返しになりますが、私の貧しい奉公人たちのことをとても心配しています。ロス司教・レスリも併せて、あなたに委ねたいと思います。そして、私の魂のために祈ってください[58]」

従弟のギーズ公爵には、「世界中で私にとって最も愛しい人」へと呼んで、手紙を書いた。

「不正な判決による死への心の準備はできております。私はこの島のカトリック教会を保持し、復興させるために進んで死に向かいます。私の悲劇の最後の目撃者となる、心細く貧しい奉公人たちに、私の負債の返済をして欲しいのです。私のルビーの指輪を持ってあなたの元を訪ねるように言ってあります[59]」

このようにメアリは落ち着いた、静かな気持で、きたるべき死に向けて心の準備をしながら、現実の問題を一つずつ片付けていった。

ポーレットがチャートリで奪ったお金は、エリザベスの忠告に従って、奪った本人が直接メアリに返した。
落ち着かなかったのは、むしろイングランド側であった。メアリの気持に寸分の揺れもなく、罪の告白、懺悔はおろか、死さえ恐れない姿に、ポーレットは逆に不安を覚え、メアリの警護を増強して、歩兵七十名、弓兵五十名と物々しくなった。エリザベスもメアリの死ということでは心は固まっていても、それをどのようにもたらすのか、考えあぐねていて、いつもの不決断に身を任せた。

十二月十九日には、メアリはエリザベスに最後の要望の手紙を書いた。メアリにとって非常に大切な三つの事項であった。

「一つは、私の死後、どこに遺体を埋葬するかということです。マダム、イエスの名誉にかけてお約束くださるようお願いします。敵たちが私の潔白な血に対して黒い欲望を満たしたら、私の哀れな、悲しみ嘆く奉公人たち皆に私の遺体を運んでもらい、聖なる地フランスに埋葬されている先祖たちの近く、特に母の傍に埋葬するお許しをいただきたいのです。カトリックは聖地に埋葬されることを非常に大切にしております。二つめは、女王陛下が私の周りに配した人々による秘かな暴挙を恐れております。陛下が承知されない所で、私を処刑するのを許可しないでいただきたいのです」

メアリは秘かに殺されることを恐れていた。自分で創り上げたシナリオ——宗教のいさかいの中で、自分はカトリックおよび教会のために殉教者として死ぬ、しかもそれを世界に知らしめる——

が瓦解してしまうからである。そのために侍従、侍女に自分の殉死の目撃者になることを求めた。

「三つめは、息子ジェイムズに宝石を贈り、最後の別れを告げさせて欲しいのです。これが最後のお願いなので、最後のお返事をいただきたいと思います。終わりにもう一言付け加えさせていただきます。エリザベス女王陛下には神のご加護がありますように。私の死をもたらすことになった全ての人々を許します。差し出がましいと非難なさらないで欲しいのですが、私がこの世を去り、より良い世界へと旅立つ準備をする前夜に、あなたに覚えておいていただきたいことがあるのです。それはあなたの指令に対して、いつか責任を負わなければならない日が来るということです」

署名は「不当に監禁されたあなたの妹であり、従妹であるマリー、女王」とされた(60)。許しと慈悲に身を置き、エリザベスへの神の祝福を祈願しながらも、一方では生身の人間としてのメアリの苦々しい思いが凝縮した形で表現されている。

しかし、ポーレットとドゥルアリは、この手紙を直ぐには送らないことにした。その旨を枢密院の秘書、デイヴィソンに打ち明けた。エリザベスが慈悲を行うとしても間に合わないように、処刑がクリスマスの後へと延期されることがないように、そうでなければ、処刑は永遠に延期されることになりかねないと案じたのである。一方、メアリは何の返事もないのにしびれを切らし、ついに最後の手紙を書いたが、決して送られることはなかった。

この期に及んでも、残忍な監視人、ポーレットはさらにメアリを落胆させた。一月二十一日、土曜日、彼はメルヴィル、ブルゴワン、やっと戻してもらったカトリックの司祭ドゥ・プロを自分の元に呼び寄せた。

「メルヴィルとドゥ・プロ、あなたたち二人は、メアリの前に出てはいけないし、会ってもいけない。しばらくの間、この城から離れるのです」

メルヴィルは全く思いも掛けなかったことで驚いてしまった。

「でも、私は執事の役目があって、食事が出される前には、君主の象徴として欠くことのできない杖《じょう》を運ばなくてはなりません。女王様の所から離れるわけにはいかないのです」

「ここには女王等いない。そのような特別扱いは無用です。言われたとおり、メアリから離れるのです」

ドゥ・プロも困ってしまった。

「今程、女王陛下が私を必要とされる時はないと思います。お心の支え、慰め、魂の救いともなれると信じます。是非とも、陛下のお側にいて差し上げなければなりません」

「それなら、プロテスタントの牧師がいますよ。助けになるでしょう」

ポーレットはそのような些細なことにまで介入して、メアリの威厳を削ぎ落とそうとした。狭量で、無慈悲で、悪意に満ちた行為であった。

メアリはポーレットの悪意を感じて、改めて自分の命が無意味に奪われるのではないかと恐れ始めた。ブルゴワンをポーレットの部屋に遣って、真意を尋ねさせた。

「ポーレット、メルヴィルとドゥ・プロを女王から引き離すのは、どんな理由があってのことですか。女王陛下は、命の危険を恐れていらっしゃいます」

「何と失礼な！　私はれっきとした紳士ですよ。誉れある男ですよ。そのような残虐な行為をするわけがないでしょう」

ポーレットは激怒した。実際、エリザベスはポーレットに、メアリ殺害を打診していたが、彼は固く断っていた。一家の名誉に傷が付くことを何よりも恐れたからである。それでもブルゴワンは続けた。

「しかし、ポーレット、女王陛下が言われるには、リチャード三世が突然殺された時も、このような些細なことに対する悪意から始まったので、ご自分の立場と比べざるを得ないとおっしゃっています。陛下は歴史書をよく読まれていて、知識が豊富でいらっしゃいますから」

秘かに殺されることへの恐れが、メアリの頭から離れなかった。

二月四日、土曜日、ブルゴワンはポーレットの所に行って、今度は体調を崩したメアリ女王のために、村の紳士方の庭にある薬草を摘みに外出する許可を求めた。ポーレットはその日は許可しなかったが、翌日、許可を出した。しかし翌日の日曜日になると、メアリはもう薬草はいらないと言った。それというのも、イングランドの枢密院の書記、ビールがロンドンから到着したのを耳にしたからである。死がもうそこまで来ていることを、感覚の全てで感じないわけにはいかなかった。

エリザベスは迷いに迷っていた。スコットランド女王には死んでもらいたいけれど、自分の名の下でその責任の全てを負うのは嫌った。ポーレットに秘かにメアリ暗殺を要請したが拒絶され、議会からは処刑するように強く迫られた。とうとう不思議にも、軽い雰囲気の中で、エリザベスはメアリ処刑執行の許可書に署名してしまったのである。ことの成り行きはこうであった。

海軍総司令官ハワード卿が、署名の入っていない処刑許可書を保管していた女王の秘書デイヴィソンに、グリニッジ宮殿にいたエリザベスの所に向うよう命じた。それでデイヴィソンは宮殿に急いだ。

「陛下のご署名が必要な書類が山のように溜まっております。署名をしていただけますでしょうか」

「よろしいですよ。さあ書類を出して。今日は何と良いお天気でしょう。テムズの川下り等したい気分です。もう随分署名したというのに、まだあるの」

エリザベスが次々と署名していく中で、あっと気付いた書類があるが、気が付かないふりをして署名した。しかし、次の瞬間に突然気持を変え、秘書に打ち明けた。

「デイヴィソン、私がどれ位このことで頭を悩ませたか、どのくらい嫌ったか想像がつかないでしょう。延ばしに延ばさざるを得なかったの。でもね、あなたは私が署名するのを見て、心が痛まないの」

「いいえ。潔白な人の死より、罪人の死の方を好みます。それに、これこそ女王陛下がご自身の身を守る唯一の方法、それを執られたことを残念に思ったりはいたしません」

エリザベスは微笑んで、彼に言った。

「さあ、直ぐにこの証書を大法官の所へ持って行くのです。そうすれば、そこに国璽を押印して、処刑を指揮する人々のところに移されるでしょう。処刑の前にこのことが発覚したら私の身に危険が及ぶので、極力内密にことを運ぶのです。もう一つ、この処刑は公開にしてはいけません。フォザリンヘイ城の中庭でもいけない、一階の大ホールにすること、またこの件に関しては、今後一切耳にしたくないということを覚えておいて」

そう断言した舌の根も乾かないうちに、エリザベスはデイヴィソンを呼び出した。

「デイヴィソン、処刑許可書は大法官へ届けられたの」

「陛下、仰せのとおりにいたしました」

すると今度はぶっきらぼうに厳しい口調で、エリザベスは非難がましく言った。

「何故そんなに急いだの。もう少し良い方法があったのかもしれないのに」

迷いに迷う、決められない、覆す、典型的なエリザベスが顔を出すのであった。

デイヴィソンは女王の元を去ると、その足でセシルと大法官、ハトン卿に自分の不安な思いを知らせた。痛風で病の床に伏せていたセシルだったが、すぐに枢密院顧問官全員を集めて、自分が全責任を持って実行する決意を伝えた。枢密院の書記ビールに処刑執行書を与え、ケント、シュルーズベリ両伯爵に届けることが決定された。ケントとシュルーズベリは、処刑を実行に移す責任者に任命されたのである。

ビールは五日、日曜日の夕方にフォザリンヘイ城に着き、翌日近隣に滞在していたシュルーズベリと連絡を取った。七日、火曜日、州長官、ケント、シュルーズベリ両伯爵等がフォザリンヘイ城に入った。メアリ女王に仕える者たちは困惑し、恐怖心を抱いた。彼らは女王の身の上をずっと案じ、時々は希望を新たにしながらも、不安でいっぱいだった。

ケント、シュルーズベリ、それにビール、ポーレット、ドゥルアリが、メアリの部屋を訪ねて来た。女王はベッドに入っていたが、重大な用件があるというので、少し待ってもらって準備を終え、ベッドの足もとに置いてある椅子に座って、彼らを迎え入れた。女王に挨拶をする間、彼らは皆敬意を表わして帽子を脱いでいた。宿命のシュルーズベリが話を切り出した。あれ程長い年月に渡ってメアリを監視しながらも、親切にお世話を尽くしてきたが、今はもう伯爵とメアリ女王の精神的な距離は、海を隔てるくらい大きいものにならざるを得なくなっていた。

「イングランド女王陛下が、陛下と国の名の下に、私とケント伯爵、ビールをスコットランド女王の元に送り、女王が有罪とされ、死刑の宣告を受けた旨を正式に伝えるよう任命されました」

そこでビールが羊皮紙に書かれ、黄色い蝋にイングランドの国璽が押印された証書を読み上げた。メアリの宛名は「メアリ・ステュアート、ジェイムズ五世の娘、別名スコットランド女王、フランス王太后」となっていた。

これに対して、メアリはこう応じた。

「何という歓迎すべき知らせをありがとう。この世から私を引き下がらせてくれるのは、大助かりです。この世を去るのはとても嬉しいことです。数々の悲惨なこと、途絶えることのない苦しみの中に身を置いているのですから。私の一生は悲しさしかありませんでした。あなた方のやり方で、多くの悪と苦しみから私を解放してくれるのが神の御心にかなうのは非常に嬉しいことです。覚悟はできています。喜んで死にます。喜んで全能の神、そしてカトリック教会のために私の血を流し、この国でのカトリックの権利を主張します。この国のために常に可能なことは全てしてきましたし、私の良き姉なるエリザベスとこの島を、自分を愛するように深く愛してきました(61)」

　メアリにとって大切な点、つまり十八年に及ぶ不正な監禁生活は、全ての法に違反していることをこの機会にも繰り返し述べた。さらに、告発された罪に対して、自分は絶対に潔白であると、テーブルの上にあった聖書に手を置いて抗議した。自分は決してエリザベスの死を望みもしなかったし、そうなるように企てたこともないと。確かに、メアリを救出したいと願う支持者がエリザベスの命を狙うことと、メアリが自身の自由への必死な希求から支持者たちの意図を容認したこととの間には、大きな隔たりがある。

　ケント伯爵がメアリに改宗を迫った。

「メアリ女王、プロテスタントこそ真の宗教ですよ。カトリックのくだらない、忌々しさに決別して、真の神の御言葉を信奉するプロテスタントに改宗されることを強く勧めます」

　しかし、メアリはそう簡単に大事な信条を変えるような弱い人間ではなかった。

「私は今まで真の信仰に生きてきました。今それを変える気はありません。いやむしろ最も必要なこの瞬間にこそ、堅固で不変でいるべきなのです」

ケントたちが、死を前にしたメアリの魂の癒やしのために、ピータバラのプロテスタントの司祭を依頼するつもりと言うと、メアリはきっぱりと拒絶した。

「いいえ、癒やしには私のカトリックの司祭に会わせてください。そうすれば、死へ向けていっそう心の準備を整える助けになります。他の誰も望みません」

「しかしエリザベス女王からの厳格な命令に従わなければならないので、そのようなことはできません」

「よく分かっております。彼らは、できることなら私の肉体と共に私の魂を破壊したいのでしょう。でも成功しないでしょう。神は私の心、意志、意図するもの、そして何を望んでいるのか、何を決意しているのかをご存知です。神は私を救ってくださいます」

ケントはまだ言い張った。

「メアリ女王が生きていらっしゃる限りは、イングランド、その女王陛下の命、プロテスタントを危険に晒すことになります。あなたの命は我が宗教の死となり、あなたの死はその命となるのです」

ケントの予想に反して、メアリは嬉しく思った。

「その言葉、私にとって望外の喜びです。私の存在が、プロテスタントの死をもたらす程大きいものとは考えてもおりませんでした。神から選ばれた僕に加えてもらえる証しとして、あなたの言葉を受け取ります」

メアリのこの世での時間がもはや多くは残されていない時に至っても、まだこのように両者は対抗し合い、譲り合うことはなかった。カトリックとプロテスタントの敵対関係は凄まじいものであった。

メアリは息子のことにも言及し、彼の行動に少し不平も言ったが、自分は慈悲の気持を持って死んでいく、全ての人を許し、誰一人として非難はしないと述べた。いつ死ぬことになるのかとのメアリの問いに、明朝八時という答えが返ってきた。

女王に仕える者たちは、泣いたり、叫んだりして何とか死刑執行を回避するか、延期することはできないものかと色々考えを巡らしたが、もう時間がない。ブルゴワンが代表となって、シュルーズベリに懇願したが、ほんの僅かの遅延も認めることは許されないと答えるだけであった。

メアリは、今人生の長い時間を捧げて自分に仕え、誠心誠意尽くしてきてくれた、家族以上と言ってもよい程の強い絆で結ばれている侍従や侍女と共に、この世の最後に近い時間を過していた。魂と魂が触れ合って、鼓動し合っていると言ってもよい人間関係を束の間であるが、メアリも廷臣たちも感じ合っていた。お互いにできる最善のことをしてあげたいと必死であった。悲劇を目前にして、人間の最も美しいものが、互いの上に注がれるのであった。長い間メアリの心の底に、相手を思い遣る美しい心根を持って生きてきたからこそ、人生最後の一番大切な時に、仕える者たちからかくも純粋な愛慕に包まれるのであった。メアリにとって、仕える者たちのこの純粋な愛慕こそ、一生のうちで得た最高の宝物であった。

女王は悲しみに沈む者たちに言った。

「さあ皆さん、夕食にしましょう。色々なことをきちんとしなければなりません。愛しい子供たち、今は泣いている場合ではありません。泣いても役には立ちません。何を今になって恐れているのですか。こんなにも多くの悪と苦しみから、もうすぐ私は救われるのですよ、むしろ喜ぶべきです」

夕食では、メアリはほとんど食べ物を口にすることはなかった。メアリの元から引き離されたメルヴィルに代わって、侍医のブルゴワンが、震える手で食事を女王に差し出しながら、もう一方の手で、こっそりと涙を拭っていた。メアリだけが心静かに落ち着き、時折、優しい微笑みさえ浮かべた。

「ブルゴワン、私はね、今思ってもとても嬉しくなるのですよ。ケントの言った『メアリ女王の命はプロテスタントの死、女王の死はプロテスタントの命』が、どれ程大きな喜びを与えてくれたか想像がつきますか。私は真に自分の宗教のために死ぬのだということを、改めて自分にも、皆さんにも悟ってもらったと信じます」

夕食の終わりに、仕える者たちが皆女王の周りに集まってくると、女王はワイン・グラスを挙げた。

「皆さんの幸福を願って、乾杯！」

彼らは皆跪き、涙とワインが混ざり合う中、女王に許しを乞うた。

「陛下、もし今までに間違いを起こしたことがあったとしたら、お許し下さいませ」

男性がメアリの部屋から出て行くと、侍女たちと一緒にメアリは祈りを捧げた。まだ片づけなければならない実際的なことがたくさん残っていた。メアリは残っているお金を数えて、いくつにも小分けして小さな入れ物に入れ、それぞれに仕える者たちの名前を自らの手で書いた。

メアリは仕えてくれる者皆を呼んで、別れの言葉を述べた。

「皆さんには、これ以上望めない程誠心誠意仕えてもらいました。長い間の献身にただただ感謝します。それに対して、思うようにお返しができないのが残念でなりません。これからはお互いに対して慈悲の心を持って接し合って欲しい。互いに合い和して、過去の敵対心や苦々しい思いを全て捨ててもらいたいのです。あなたたちの末長い幸せを、心を込めて祈ります。どうか私のためにも、神に祈ってください」

メアリは椅子に座り、財産目録を手にした。衣装ダンスの中身を調べて、仕える者たちに分け与えた。衣類だけでなく、宝石や銀器等もあったが、それぞれに贈り物として渡す際に、女王の心優しい、恵み深い言葉が添えられた。同時に、自分の息子のジェイムズ、フランス王と王妃、スペイン王、義母キャサリン・オブ・メディチ、ギーズ家のいとこや友人にも形見の品を渡してくれるように言い残した。

ブルゴワンがメアリから受け取った品は、二つの指輪、二つの小さな銀の箱、メアリの二つのリュート、ヴェルヴェット表装の楽譜本、ベッドの赤い天蓋布等であった。エリザベス・カールには、金と七宝の額に入ったフランシス二世とメアリ王妃の小型肖像画を与え、メルヴィルには、金の額に入ったジェイムズの小型肖像画を与えたりした。

それが済むと遺書を書いた。

「私はカトリックを信奉して死ぬ。魂の慰めのために、フランシス二世が眠るサン・デニの教会と最愛の母が眠るリームの聖ピエール教会で、礼拝を挙げて欲しい。私の全負債を支払い、その後にいくらかでも残れば、それを全て奉公人たちに分け与えて欲しい。遺言執行人はギーズ公爵・ヘンリ、グラズゴウ大司教ビートン、ロス司教・レスリを指名する。貧しい子供たち、リーム修道院僧にも慈悲深く遺贈して欲しい。侍女たちには、ロンドンまで行くのに女王の馬車を使い、後は馬を売って経費の足しにするように、同様に家具を売り払い、それぞれの出身地に戻る経費にするよう勧める(62)」

このように人生最後の、貴重な、残り僅かな時間にも、メアリの頭を駆け巡っていたのは、自分に仕えてくれた者たちへの細やかな思い遣りであった。いかにもメアリの本質そのものの表出であった。

その後、前日書きかけになっていたフランス王ヘンリ三世への手紙の続きを書いた。ヘンリ三世は、メアリの亡き夫フランシス二世を継いだチャールズ九世が亡くなり、その後王座を継いだ、メアリよりも九歳若い義理の弟であった。彼がまだ赤ん坊の頃メアリはサン・ジェルマンやフォンテンブロの王家養育所で顔を合わせていた。メアリの思いは、最後には心の故郷フランスに向かうのであった。

これはメアリがこの世で書いた最後の最後の手紙となった。

「……私は明朝八時に罪人のように処刑されます。起こったことの全容を十分に説明する時間はありませんが、私の侍医や他の悲しみに暮れた廷臣たちの話をお聞きになれば、真実がお分かりになると思います。無実の罪を着せられ、抗議しながら、死と直面いたします……。カトリック信仰とイングランド王座への神与の権利とが、有罪とされる理由です。彼らは、私が死ぬのはカトリック信仰のためと主張するのを許してはくれないでしょう。私に仕える者たちに報酬を与えて欲しいのです。そして、非常にキリスト教徒らしいと呼ばれ、全てを剥ぎ取られて死にゆく私のために、祈っていただきたい。息子に関しては、もし価するのであれば、息子をヘンリ王に委ねたいと思いますが、彼の行動次第です。健康を守ってくれると言われる宝石を二つお贈りします。健康こそ、あなたには十分に保っていただきたい。併せて末永いお幸せな人生を送って欲しいと願っております。ヘンリ王に対して深い情愛を抱いている義理の姉が、死を前にして、どうしても示したかった情愛の印として受け取ってくださるならば、喜びに堪えません。最後にもう一つだけお願いがあります。私に仕えてくれた者たちを、ヘンリ王に推薦したいのです。また、ブルゴワンは非常に優れた医師ですので、陛下の侍医として採用してくだされば大変ありがたく思います(63)」

この世における実務的なことが概ね整うと、メアリ女王は言った。

「この世のことはもうこれ以上考えたくありません。生きている少しの時間を、永遠のことのために充てたいのです」

すでに夜は更け、二時になっていた。六時間しか残されていない。

「よかったら、キリストに倣って最後の旅に備えて足を洗ってもらいましょうか。もう疲れ切っているので、着替えをしないでこのまま横になります。ああ、そうそう、いつものように聖人伝を今夜も読みましょう。ジェイン・ケネディ、かつては大罪人だった聖人の話を読んで」

メアリはもう一つ忘れていたことがあるのに気付いた。

「目隠し用の布が必要ですね。金の刺繍が施されている白い、美しい布を持ってきてくれませんか。あの布には、『私の終わりに私の始まりがある』という母のモットーを、私が刺繍しておいたでしょう。今の私にぴったりと思うの。私が死んでも、不死鳥のように蘇って、また新しく始まるわ。終わらないのよ。始まるの。だから、心配しないで。それにあの布の隅にアザミとマリゴールドも刺繍しておいたの。私の心のスコットランドのアザミも、フランスのマリゴールドも精一杯咲いてくれて、もうこれ以上は咲けない程咲き尽くしてくれたわ。『運命』の大嵐の中でも、それなりに一生懸命に頭を持ち上げてくれたの。私は生きました。精一杯に命を尽くしました。悲しいことが一杯だったけれど(64)」

侍女たちは忙しく準備に追われる中、女王の顔に時折天使の微笑みのように穏やかな表情を見て、少し心が安らいだ。しかし外からは、不気味な鎚の音が響き、守備兵の重い靴音が聞こえてくるのであった。

一五八七年二月八日、水曜日、早朝六時にメアリはベッドを出て、着替えをした。念入りに注意を払って装った。その後、奉公人皆を呼び集めると、女王の願いでブルゴワンが遺書をはっきりとした声で読み上げた。女王はそれに署名し、従弟のギーズ公爵に渡すように頼んだ。お金が入った箱を持って来るように命じ、前夜用意しておいたお金の入った小さな袋を皆に渡した。貧しい者たちに与えてもらう予定のお金も、司祭のドゥ・プロに後で渡された。ブルゴワンにも、フランスへの帰国の旅費の足しにとお金を与えた。

万事整うと、皆に別れを告げ、侍女たちには抱擁を、男性たちには手を差し出し、キスをしてもらった。メアリは再度別れ際に言った。

「親愛なる友よ、必要な時に差し出してくれた見事な、忠実な奉仕に対して、思うようには、行為として感謝の気持を示すことができなかったことは、かえすがえす残念でなりません。皆さんには、私の死に手助けをしてもらい、宗教に対する私の変わることのない献身を証明してもらいたいのです。私の最後の行動、最後の言葉の証人になって欲しいのです。あなたたち程信頼できる人はいません(65)」

メアリは小礼拝堂として使っていた控えの間に入り、祭壇の前で長い間祈りを捧げた。召し使いたちも女王を囲んで祈り、泣いた。ブルゴワンは女王の顔が青ざめていることに気付き、少しのパンとワインを持って来ると、女王は進んで口にし、この最後の食事に微笑みで感謝の気持を示した。するとドアがけたたましい音でノックされ、伝令官が入ってきた。次に州長官が入ってくると、女王を囲んで奉公人たちが皆祈りを捧げている姿に一瞬沈黙し、次の瞬間に言った。

「マダム、担当官からの指示で参りました」

「分かりました、さあ、行きましょう」

女王はしっかりとした声で応じた。ブルゴワンがメアリを支えながら、尋ねた。

「象牙の十字架を祭壇からお取りしましょうか」

「あら、そのつもりでしたのに、忘れるところだったわ。思い出させてくれて、ありがとう」

その十字架にキスをし、執事のアニバル・ステュアートに渡した。州長官を先頭にアニバルが続き、その後にブルゴワンに支えられてメアリは進んだ。

ドアの所まで進むと、お付きの者たちは、ここから先には入ってはいけない、それぞれの部屋に戻るようにと命じられた。ポーレットの守備兵に支えられてメアリは最初の階段の踊り場まで来ると、そこにケント、シュルーズベリ両伯爵が待っていた。階段の一番下まで来ると、メルヴィルが待っていた。ポーレットによって三週間程メアリから引き離されていたが、最後に会うことが許された。

「女王陛下、私は絶望の底に落とされました。このようにお別れすることがどれ程辛いか、言葉では表せません」

「そなた(thou)のように信頼の置ける家臣に恵まれたというのに、何もして上げられないのが残念でなりません」

女王がメルヴィルにあなた(you)ではなく、他の誰にも使ったことのないそなた(thou)と呼び掛けたことは、いかに女王が彼に親しい心持ちを抱いていたかを示していると言われている。

「そなた(thou)はいつも私にとって良い、忠実な僕でした。だからどうか私の息子にも同じような気持ちを持ち続けて欲しいのです。そなたに何もしてあげられなかったのを悔いて死ぬのですが、そなたに償う喜びを、息子に預けましょう。彼に私を忘れないように言ってください。彼の母親の最後の瞬間に、そなたが目にすることを忠実に伝えるのです(66)……」

メルヴィルは悲しみに打ちのめされて叫んだ。

「マダム、我が女王であり、主人であるあなたが亡くなったことを報告するのは、これまでで最も悲しい伝言となるでしょう」

メアリはメルヴィルに冷静に言うのであった。

「いいえ、メルヴィル、そうではありません。今日、そなたはメアリ・ステュアートの惨めさの終焉を目にするのです。ですから、そなたに喜びをもたらします。お分かりでしょう、この世はただ空しさと惨めさだけだということが。どうか私がカトリックとして死に、私が宗教に一途であり、忠実なスコットランド人であり、真のフランス人女性であったということを伝えてください。……

人々の秘かな考えや行動の、真の審判である神は、彼らの意図が何であったのかを、私がいつもスコットランドとイングランドが幸せに和合することを望んできたのを、お分かりになります……」(67)

メアリは、今この世が「空しさ」と「惨めさ」だけだと悟った。しかし、その「空虚な」時間と空間を、いつも精一杯に日々の行動で、また感情をこちらに、あちらにとぎりぎりまで傾けることで満たしてきた。残された七か月間も、また最後の一日にも満たない限られた時間も、極限にまで拡大して、満ち満ちと満たした。神への思い、イングランドとスコットランドという国、その君主への思い、息子を思い、かなり大きな思いを自分に仕える者たちに向け、フランスの人々に向け、満ち満ちた「空虚」に仕上げた。メアリ女王は最後の一分までも、このように生きた人である。豊穣の時を持とうとする意志が強ければ強いだけ、空虚感も強い。

人の世は空しいけれど、溢れる実体、溢れる実体だけれど、空しい。神秘としか言いようがない。

「あの世で会うまで、メルヴィル、さようなら」

メアリは進みながら、涙をこらえて言った。

メアリは、付き人もなく一人処刑台へ向かうことに異を唱えると、五、六人ならばと許しを得た。メルヴィル、ブルゴワン、二名の侍従、そして侍女のエリザベス・カールとジェイン・ケネディを指名した。

列を成して大ホールへと進んだ。最前列にはノーサンプトン州知事、その後ろにポーレット、ドゥルアリ、ビール、ケント、シュルーズベリが続き、さらにその後ろにメアリがブルゴワンや他の付き人と共に進んだ。メアリのローブの裾を持ったのはメルヴィルであった。

大ホールには、至る所に黒い布が垂らされ、メアリのために用意された腰掛けもクッションも、そして断頭台も黒のサージで覆われていた。

処刑台は床から六十センチ程の高さに、四メートル弱の正方形に造られていた。大ホールの三方に手すりが設けられていて、その周りには三百人程の見物人がいた。残る一方に二段の階段があり、そこを上がって処刑台へ進み寄ることになる。断頭役とその助手は二人とも長いヴェルヴェットのガウンの上に、白いエプロンを着け、黒いマスクをしていた。断頭役は大きな斧を持っていた。処刑台の前には、ケントとシュルーズベリが座り、城の外には更に多くの群衆が集まっていた。

この二段の階段を上るのが難しいメアリは、ポーレットの腕を借りた。

「あなたの思い遣りありがとう、サー・エイミアス・ポーレット。これであなたにやっかいを掛けるのも最後ね。でもこうしてもらって、これまでで一番心地良い奉仕を受けたわ」

女王の語調には、心の余裕、落ち着きが感じられ、女王らしい優雅さと威厳は変わることはなかった。

メアリは自分のカトリックの司祭ドゥ・プロを呼んで欲しいと懇願したが、拒絶された。ビールは、エリザベス女王が出した刑執行の声明文を読み上げた。それに対してメアリは、裁判で述べたとおりの陳述を繰り返した。

ピータバラの主任司祭、プロテスタントのドクター・フレッチャーが、メアリの前に進み出て、言った。

「私はエリザベス女王陛下からの命令を受け、メアリ女王の最後の心構えの手助けに参りました」

メアリは穏やかに返答した。

「私はあなたとは何の関係もありません。あなたのおっしゃることは聞きたくありません。よろしければ、沈黙していただき、ここから出て行ってください」

しかし、フレッチャーは自分の義務を続けた。メアリも自己の主張を通そうとして、二人は決して折り合わなかった。

フレッチャーが英語で祈りを始めると、メアリはラテン語で、大きな声で贖罪の詩編からいくつかの祈りを捧げた。二人の祈りが衝突したけれど、メアリはなおも大きな声で自分の祈りを続けた。その後は十字架を胸に当て、それにキスを繰り返し捧げながら、英語で祈った。処刑場の隅から隅まで、メアリの柔らかく美しい、けれども心の奥から絞り出した強い声が響き渡った。

「主よ、聖霊をお送りください。死の時に私を啓発して、十字架での受難の秘密を明かしてくださいますように。最後の息まであなたへの信仰を持ちこたえさせてくださり、私の身を通して、カトリック教会に降り掛かった苦しみを、忍耐で切り抜けることができますようにお守りください」

メアリはローマ教皇のために、教会の牧師のために、あらゆる敵のためにも、そしてエリザベス女王のためにも祈った。何度も十字架にキスをしながら叫んだ。

「我が神よ、御腕が十字架に延ばされたように、私をあなたの慈悲の御腕で受け入れてください」

メアリは自ら立ち上がって、死へ向けて、穏やかに、晴れやかに、準備をした。処刑台の足下で祈り続けていたジェイン・ケネディとエリザベス・カールを呼び、服を脱ぐ手伝いをさせた。女王は黒のサテンのドレスを着ていたが、その下には赤いヴェルヴェットのペティコートを着けていた。長い王侯用のマントも同じく黒のサテンで、金の刺繍がしてあり、毛皮の縁取りになっていた。頭には白い固いフードに、レースの縁取りがされた白いヴェールが付いていて、長くてローブの裾まで届きそうであった。

決意したメアリの顔には、広く知れ渡ったあの美しさが現われ、人の心を鷲づかみにする、精神の躍動とも言うべき輝きが、さざ波のようにキラキラと光っていた。死にゆく人の顔とは思えない何かが煌めいていた。

メアリお気に入りの二人の侍女が、メアリの黒いドレスを脱がせると、赤いペティコートを着けたままメアリは立っていた。赤いペティコートの上には、レースで縁取られた赤いサテンの胴着を着けていた。そこに侍女が赤い長袖を着けてあげる。全てが赤、血の色、それはカトリックの殉教の色、そしてメアリの熱情の炎の色であった(68)。

ジェイン・ケネディが用意していた、メアリが自ら施した金色の文字と、アザミとマリゴールドの花の刺繍の白い布で、メアリの目を覆った。

シュルーズベリが最後の合図を送ると、断頭人が斧を持ち上げた。スコットランド人の女王・メアリは繰り返し大きな声で、ラテン語で祈り続けた。

「イン　マーヌス　トゥアス　ドミネ　コメンド　スピリトゥム　メウス（父よ、私の霊を御手に委ねます）」

祈りの言葉がホールに響き渡り、斧は振り下ろされた。


一六〇三年にエリザベス女王が崩御すると、スコットランド人の女王・メアリの息子ジェイムズがイングランドの王座を継ぎ、イングランド王ジェイムズ一世となった。同時にスコットランド王ジェイムズ六世として、二つの国を治めることになり、ユニオン・ジャックの国旗を誕生させた。「ジャック」は、ラテン語で「ジェイムズ」を意味するジャコバスの短縮形である。

ジェイムズはピータバラに埋葬されていた母親の遺体を、ロンドンのウェストミンスター寺院に移した。壮麗な初期バロック様式の記念墓を完成させ、正式に母を弔った時には、母の死から二十五年の歳月が経っていた。ジェイムズは同時にエリザベス一世の記念墓も造らせた。今、ヘンリ七世の礼拝堂にメアリもエリザベスもそう離れていない所に横たわっている。メアリはあれ程切にエリザベスと会って、話し合い、互いの理解を深めることを望んだが、二人の距離は果てしなく遠く、叶うことはなかった。死して二人は今近い所にいる。メアリの記念墓の方がエリザベスのものよりも大きく、費用も三倍近く掛けられている。少なくともこのような形で、遙かに時宜を逸しながらも、息子は母親への敬愛を示した。時折、参拝者が心のアザミの花一輪を捧げる。死してなおアザミがメアリの上に咲く。

メアリ女王は確かに死して勝利した。死の瞬間から、二つの永遠の命が遠々と続いていく。一つはメアリが信じた永遠の魂であり、もう一つは世にも美しい姿と美しい魂を併せ持った、世界を舞台にした悲劇の女王の物語である。

メアリは切羽詰まったところで自らに言い聞かせ、死という終わりを、不死鳥という始まりの誓いに変容させた。メアリは不死鳥のことを昔から知ってはいた。しかし死を目の前にして、それを真に自分のものとして受け入れるに至ったのである。さらに大きなことは、自らの人生をカトリックの殉教者として完成させたことである。

また、運命が与えた苦難を耐えて乗り越えてきた。苦しみの溶鉱炉をくぐって美徳の純金ができるように、「純金の」メアリは、「苦しみが人を完成させる」を人々に実証してみせた。メアリは苦しみ抜き、自分の人生を愛と許しの美徳で完成させたのである。

このようなことが人生の土壇場でできるというのは、いかにメアリが幼い頃から不断に自らの精神、叡智、感性を磨き上げ、資源溢れる精神の泉を、その内部に蓄えていたかの証しであろう。

四百数十年の時を経て、現在の連合王国王チャールズ三世は、祖父ジョージ六世、母親エリザベス二世を通して、ジェイムズ一世からの直系で繋がっていて、チャールズ三世の血には、スコットランド人の女王・メアリの血が脈々と流れている。

註

資料から引用する際、原文をそのまま訳したものもあれば、抄訳したものもあり、また原文が叙述文の場合は、筆者が全部、もしくは部分的に会話形式に変えたものもある。さらに全体の意図するものを、筆者がくみ取り、筆者の言葉で引用としたものもある。

［第一部］

（1）Rosalind K. Marshall, *Mary of Guise* (Edinburgh, 2008), p. 45.
（2）Stefan Zweig, *The Queen of Scots* (London, 1987), pp. 1-2.
（3）Marshall, *op. cit.*, p. 10.
（4）*Ibid.*, p. 17.
（5）John Guy, *'My Heart Is My Own': THE LIFE Of MARY QUEEN Of SCOTS* (London, 2004), p. 31.
（6）Marshall, *op. cit.*, pp. 55-6.
（7）Guy, *op. cit.*, p. 41.
（8）*Ibid.*, p. 45.
（9）*Ibid.*, p. 50-1.
（10）Marshall, *op. cit.*, p. 82.
（11）Zweig, *op. cit.*, p. 15.
（12）*Ibid.*, p. 16.
（13）Guy, *op. cit.*, pp. 86-7.
（14）Zweig, *op. cit.*, 20.
（15）Guy, *op. cit.*, p. 98.
（16）Marshall, *op. cit.*, p.92.
（17）*Ibid.*, p. 94.

(18) *Ibid*., p.96 を参照しながら、筆者が会話文に仕立てた。
(19) *Ibid*., p.97 を参照しながら、筆者が会話文に仕立てた。
(20) Guy, *op. cit*., p. 116.
(21) *Ibid*., p. 119.
(22) Mary Queen of Scots, *Queen Mary's Book : A Collection Of Poems And Essays*, edited by P. Stewart-Mackenzie Arbuthnot (London, 1907), pp. 85-8.
(23) Antonia Fraser, *Mary Queen Of Scots* (London, 1998), p. 164.
(24) Guy, *op. cit*., p. 132.
(25) Mary Queen of Scots, *op. cit*., p. 137

〔第二部〕

(1) James Melville, *The Memoirs Of Sir James Melville of Halhill*, edited by Gordon Donaldson (London, 1969) 序文。
(2) Rosalind K. Marshall, *John Knox* (Edinburgh, 2013), p. 165.
(3) Zweig, *op. cit*., p. 57.
(4) Fraser, *op. cit*., p. 206.
(5) Guy, *op. cit*., p. 160.
(6) Andrew Lang, *The Mystery of Mary Stuart* (London, New York, Bombay, 1901), p. 4.
(7) Zweig, *op. cit*., p. 67.
(8) Melville, *op. cit*., pp. 33-40. エリザベス女王とメルヴィルとの会見についての叙述文を、筆者が会話形式にした。
(9) Guy, *op. cit*., p. 199.
(10) *Ibid*., p. 205.
(11) Lang, *op. cit*., p. 13.
(12) Guy, *op. cit*., p. 217.
(13) Melville, *op. cit*., p. 44.
(14) *Loc .cit*.

(15) Guy, *op. cit.*, p. 239.
(16) *Ibid.*, p. 274.
(17) Mary Queen of Scots, *op. cit.*, pp. 91-7.
(18) Guy, *op. cit.*, p. 284.
(19) *Ibid.*, p. 277.
(20) *Ibid.*, p. 285.
(21) Melville, *op. cit.*, p. 58.
(22) Guy, *op. cit.*, p. 290.
(23) Fraser, *op. cit.*, p. 365.

［第三部］

(1) Guy, *op. cit.*, p. 320.
(2) Fraser, *op. cit.*, p. 373.
(3) Guy, *op. cit.*, p. 322. ジョン・ガイの説明に拠っているが、筆者が一部会話形式に変えた。
(4) Fraser, *op. cit.*, p. 375.
(5) Claude Nau, *The History of Mary Stewart: From Murder of Riccio Until Her Flight Into England* (Edinburgh, 1883), p. 172.
(6) Fraser, *op. cit.*, p. 386.
(7) *Loc. cit.*
(8) Nau, *op. cit.*, p. 45.
(9) *Ibid.*, p. 46.
(10) *Ibid.*, p. 48.
(11) Guy, *op. cit.*, p. 349.
(12) *Ibid.*, p. 351.
(13) Nau, *op. cit.*, p. 60.
(14) *Ibid.*, p. 56.

(15) *Ibid.*, p. 72.
(16) Mary Queen of Scots, *op. cit.*, p. 98-9.
(17) Nau, *op. cit.*, p. 71.
(18) Guy, *op. cit.*, p. 381-3.
(19) Fraser, *op. cit.*, p. 423.
(20) Guy, *op. cit.*, p. 367.
(21) Nau, *op. cit.*, p. 89.
(22) Fraser, *op. cit.*, p. 434. メアリ女王がフランスの叔父に送った手紙の抜粋。
(23) Nau, *op. cit.*, p. 97. ナウの記録を、筆者が会話文に変えた。
(24) *Ibid.*, p. 98.
(25) Fraser, *op. cit.*, p. 441.
(26) Mary Queen of Scots, *op. cit.*, pp. 100-1.
(27) Fraser, *op. cit.*, p. 445.
(28) Guy, *op. cit.*, p. 386.
(29) Fraser, *op. cit.*, p.457.
(30) Guy, *op. cit.*, p. 431.
(31) *Ibid.*, p. 432.
(32) Lang, *op. cit.*, p. 365.

［第四部］

(1) Fraser, *op. cit.*, p. 485.
(2) David N. Durant, *Bess of Hardwick* (London, 2008), p. 54.
(3) Fraser, *op. cit.*, pp. 486-7.
(4) Guy, *op. cit.*, p. 442.
(5) Margaret Swain, *The Needlework of Mary Queen of Scots* (Marlborough, 1986), p.63. ホワイトの報告文を、筆者が女王の会話

という形に変えた。

(6) Guy, *op. cit.*, pp. 443-4.
(7) *Ibid.*, p. 462.
(8) Fraser, *op. cit.*, p. 494.
(9) Guy, *op. cit.*, p. 463.
(10) *Ibid.*, p. 462.
(11) Fraser, *op. cit.*, p. 504.
(12) Guy, *op. cit.*, p. 465.
(13) *Ibid.*, p. 467.
(14) *Loc. cit.*
(15) *Ibid.*, p. 469.
(16) *Ibid.*, pp. 444-5.
(17) Fraser, *op. cit.*, p. 516.
(18) Guy, *op. cit.*, p. 448.
(19) Durant, *op. cit.*, p. 92.
(20) *Ibid.*, p. 67.
(21) Fraser, *op. cit.*, p. 522.
(22) Mary Queen of Scots, *op. cit.*, pp. 113-5.
(23) *Ibid.*, pp. 116-27.
(24) Fraser, *op. cit.*, p. 541.
(25) *Ibid.*, p. 539.
(26) Guy, *op. cit.*, p. 472.
(27) Fraser, *op. cit.*, p. 542.
(28) Guy, *op. cit.*, p. 476.
(29) *Ibid.*, p. 477.

(30) Fraser, *op. cit.*, p. 557.
(31) *Ibid.*, p. 549.
(32) Guy, *op. cit.*, p. 457.
(33) Fraser, *op. cit.*, pp. 573-4.
(34) *Loc. cit.*
(35) Guy, *op. cit.*, p. 483.
(36) *Loc. cit.*
(37) Fraser, *op. cit.*, p. 582.
(38) Guy, *op. cit.*, p.485.
(39) Mary Monica Maxwell-Scott, *The Tragedy of Fotheringay* (London, 1895), p. 18. メアリ女王の侍医、ブルゴワンの日誌に、監視人、ポーレットの書簡などを加えて、メアリ・モニカ・マックスウェル－スコットが、『フォザリンゲイの悲劇』(フォザリンヘイではなく、フォザリンゲイとしている)を一八九五年出版した。以後、これを最大限に利用して、女王最後の日々を追う。
(40) *Ibid.*, p. 23.
(41) *Ibid.*, p. 27.
(42) *Ibid.*, p. 35.
(43) *Ibid.*, pp. 43-6.
(44) *Ibid.*, p. 47.
(45) *Ibid.*, p. 50.
(46) *Ibid.*, p. 52.
(47) *Ibid.*, p. 56.
(48) *Ibid.*, p. 63.
(49) *Ibid.*, pp. 69-70.
(50) *Ibid.*, p.79.
(51) *Loc. cit.*

(52) *Ibid.*, p. 80.
(53) *Ibid.*, pp. 84-6.
(54) *Ibid.*, p. 95.
(55) *Ibid.*, p. 98.
(56) *Ibid.*, pp. 106-7.
(57) *Ibid.*, p. 111.
(58) *Ibid.*, pp. 117-20.
(59) *Ibid.*, pp. 121-3.
(60) *Ibid.*, pp. 133-5.
(61) *Ibid.*, pp. 180-1.
(62) Fraser, *op. cit.*, p. 627.
(63) Maxwell-Scott, *op. cit.*, pp. 195-7.
(64) 目隠し用の布に「終わりに始まりがある」と刺繍し、さらに布の端に「アザミ」と「マリゴールド」を刺繍したのは、筆者の創造によるものである。
(65) Maxwell-Scott, *op. cit.*, p. 201.
(66) *Ibid.*, p. 205.
(67) *Ibid.*, p. 206.
(68) Fraser, *op. cit.*, p. 633. マックスウェル－スコットのテキストでは、黒いサテンの胴着となっており、ペティコートの色は赤褐色のヴェルヴェットとなっている。

スコットランド人の女王・メアリの年表

一五四二年十二月八日	王女メアリ・ステュアート、リンリスゴウ宮殿で誕生
一五四二年十二月十四日	父ジェイムズ五世の崩御によりスコットランド人の女王・メアリとなる
一五四三年九月九日	スターリング城で戴冠式
一五四八年八月七日	ダンバートン城からフランス宮廷へ向けて出港
一五五八年四月二十四日	フランスの王太子フランシスと、ノートルダム寺院で結婚
一五五九年九月十八日	フランス王ヘンリ二世の崩御により王太子はフランシス二世となり、スコットランド人の女王・メアリはフランス王妃ともなる
一五六〇年六月十一日	母メアリ・オブ・ギーズ死去
一五六〇年八月十一日	スコットランド議会、プロテスタントを国教とすることを決議
一五六〇年十二月五日	フランシス二世崩御
一五六一年八月十九日	フランスを去り、祖国スコットランドに帰還
一五六五年七月二十九日	ダーンリ卿・ヘンリ・ステュアート(ダーンリ)とホリルード宮殿で再婚
一五六六年三月九日	腹心の秘書、イタリア人のデイヴィッド・リッチオ、ホリルード宮殿で殺害される
一五六六年六月十九日	王子ジェイムズ、エディンバラ城で誕生
一五六六年十月初旬~下旬	巡回裁判視察にジェドバラを訪れ、瀕死の状態に陥るが一命を取り留める
一五六六年十二月十七日	スターリング城の王室礼拝所でジェイムズ王子の洗礼式
一五六七年二月十日	ダーンリ、カーク・オ・フィールドの元市長公舎で絞殺され、建物は爆破される
一五六七年五月十五日	第四代ボスウェル伯爵・ジェイムズ・ヘッバーン(ボスウェル)と再々婚
一五六七年六月十五日	カーベリ・ヒルの闘いの後、ボスウェルと永遠の別れ
一五六七年六月十七日	ロッホ・リーヴン城に幽閉される
一五六七年七月二十四日	異母兄ジェイムズ・ステュアート(後にモレイ伯爵)率いる反逆貴族によって王位が強制的に剥奪される

一五六八年五月二日	ロッホ・リーヴン城からの逃亡に成功
一五六八年五月十三日	ラングサイドで女王軍とモレイ軍が激突、女王軍の大敗、スコットランド南部へ逃亡
一五六八年五月十八日頃	外国イングランドへ足を踏み込み、カーライル城へ、ノリス卿の監視の下、エリザベス一世の客人となる
一五六八年七月末	ボールトン城に移される
一五六八年十月四日	イングランド宮廷、メアリ女王を審議にかけるヨーク会議を開始
一五六八年十一月二十五日	ウェストミンスター会議始まる。ここでメアリ女王を断罪する目的でモレイが「銀箱の手紙」を提出
一五六九年二月四日	タットベリ城に移され、シュルーズベリ伯爵監視下の幽閉生活に入る
一五七二年六月二日	メアリ女王と結婚の約束をしていたノーフォーク公爵、陰謀のかどで斬首
一五七三年八月二十二日	エリザベス女王の許可を得て、初めてダービシャーにあるバックストン温泉に宿泊。以後この楽しみは一五八四年七月まで続く
一五八一年	イングランドで、カトリック信仰を反逆罪とする法案通過
一五八四年八月二十五日	監視役がシュルーズベリ伯爵からラルフ・サドラーに代わる
一五八五年一月初旬	シェフィールドの住まいからタットベリに戻され、サー・エイミアス・ポーレットが四月から監視役になる
一五八五年十二月二十四日	フランス宮廷からの非難を受けて住まいがタットベリからチャートリ・ホールに移される
一五八六年七月六日	エリザベス女王と息子ジェイムズの間でイングランド・スコットランド同盟(ベリック条約)締結
一五八六年八月十一日	エリザベス女王の使者ゴージスとポーレットがメアリ女王をティクソールに連行
一五八六年八月十四日	サー・アントニ・バビントン、陰謀のかどで逮捕されロンドン塔送り。九月中旬、公開処刑
一五八六年九月二十五日	ポーレットとゴージスに先導され、フォザリンヘイ城へ移される
一五八六年十月十四日	フォザリンヘイ城で二十四名の審議官による裁判が開かれる
一五八六年十月二十五日	ロンドン、ウェストミンスター宮殿の「星室庁」でメアリ女王有罪判決が下る
一五八七年二月八日	フォザリンヘイ城のホールで斬首される

主要参考資料

［第Ⅰ次資料］

Arbuthnot, P. Stewart Mackenzie (ed.), *Queen Mary's Book: A Collection Of Poems And Essays By Mary Queen Of Scots*, London,1907.

Donaldson, Gordon (ed.), *The Memoirs Of Sir James Melville Of Halhill*, London, 1969.

Joseph Stevenson, S. J. (ed.), *The History of Mary Stewart by Claud Nau*, Edinburgh,1883.

Maxwell-Scott, Mary Monica (ed.), *The Tragedy of Fotheringay, founded on The Journal Of D. Bourgoing, Physician To Mary Queen Of Scots, And On Unpublished Ms. Documents*, London, 1895.

［第Ⅱ次資料］

Durant, David N., *Bess of Hardwick: Portrait Of An Elizabethan Dynast*, London,1977,repr. 2008.

Fraser, Antonia, *Mary Queen Of Scots*, London, 1969, repr. 1998.

Guy, John, *My Heart Is My Own: The Life Of Mary Queen Of Scots*, London, 2004, repr.2009.

Lang, Andrew, *The Mystery of Mary Stuart, London, New York*, Bombay, 1901.

Lovell, Mary S., *Bess of Hardwick: First Lady of Chatsworth*, London, 2005, repr. 2006.

Marshall, Rosalind K., *John Knox*, Edinburgh, 2013.

Marshall, Rosalind K., *Mary, Queen 0f Scots: 'In my end is my beginning', exhibition catalogue*, Edinburgh, 2013.

Marshall, Rosalind K., *Mary Of Guise: Queen of Scots*, Edinburgh, 2001, repr. 2008.

Mattingly, Garrett, *The Defeat Of The Spanish Armada*, London,1959, repr. 1961.

Swain, Margaret, *The Needlework of Mary Queen of Scots*, Edinburgh,1973, repr. 2013.

Zweig, Stefan, *The Queen of Scots*, London, 1987.

おわりに

二〇一二年の夏、翌年の春上演される別府市民劇場主催の『メアリ・ステュアート』(エイコーン企画、制作、加来英治演出)の観劇準備と講演のため、メアリ女王の資料を読み始め、英国の所縁のある場所を北から南まで巡り始めた。資料を読み漁っているうちにのめり込んでしまい、とうとう九年という歳月が経ってしまった。その結果が、この伝記または伝記小説『緋衣の女王』となった。

この本を書くにあたっては、過去の歴史家や伝記作家という「巨人の肩に立たせてもらって」、できる限り史実に忠実に語った。例外は、終わり近くで女王の目隠し用の布に、「私の終わりに私の始まりがある」と金文字の刺繍を入れ、アザミとマリゴールドの刺繍も加えたのは、筆者の創作である。それが、女王の情況にぴったりだったからである。

史実に忠実に語りながらも同時に、詩的許容《ポエティック・ライセンス》も十分に活用させてもらったため、限りなく史実に近い「歴史物語」となったと思っている。歴史の事実、またはゆがめられた事実の中に埋もれて、葬られた女王の精神の厚さ、丸み、輝きを掘り起こして、蘇らせたかった。歴史の記述の行と行の隙間に、「詩情」を与えることで、メアリ女王が生きた姿で、温かみをもって、読者の前に立ち現れてほしかったのである。

貴重なのは、女王の秘書であるジェイムズ・メルヴィルが『回顧録』を、イングランドでの幽閉生活に入ってから秘書となったフランス人のクロード・ナウが、女王自身から聞いた話を基に書いた『メアリ・ステュアートの歴史』を残してくれたことである。また侍医ドミニク・ブルゴワンは最後の最後まで女王に付き添い、女王の死までの七か月間を克明に記した『日誌』を残してくれた。これらの第一次資料は、筆者にとっては宝物であった。

さらに貴重なのは、我々が女王の心の内部に導き入れてもらうことになる女王自身が書いた詩、エッセイ、時祷書への走り書きが残されていることである。これは幸運以外の何ものでもない。これらにより我々はメアリ女王の魂の奥深い所に、ありがたいことに思う存分住まわせてもらうことができた。

筆者は二〇〇〇年夏からスコットランドの住民になり、翌年一月の寒気の中、スターリング城を訪れた。不思議にも、町の本屋でアントニア・フレイザーの『スコットランド人の女王・メアリ』を購入し、きっと読むと感じていたが、十二年間本棚に置き去りにされていた。そしてついに本が目覚めた。ここから始まったのである。

スコットランドとイングランドのメアリ女王に所縁のある様々な場所を訪ね歩いた。メアリ女王が誕生したリンリスゴウ宮殿、父ジェイムズ五世が崩御したフォークランド宮殿、住まいとなった

テューダー王家とステュアート王家

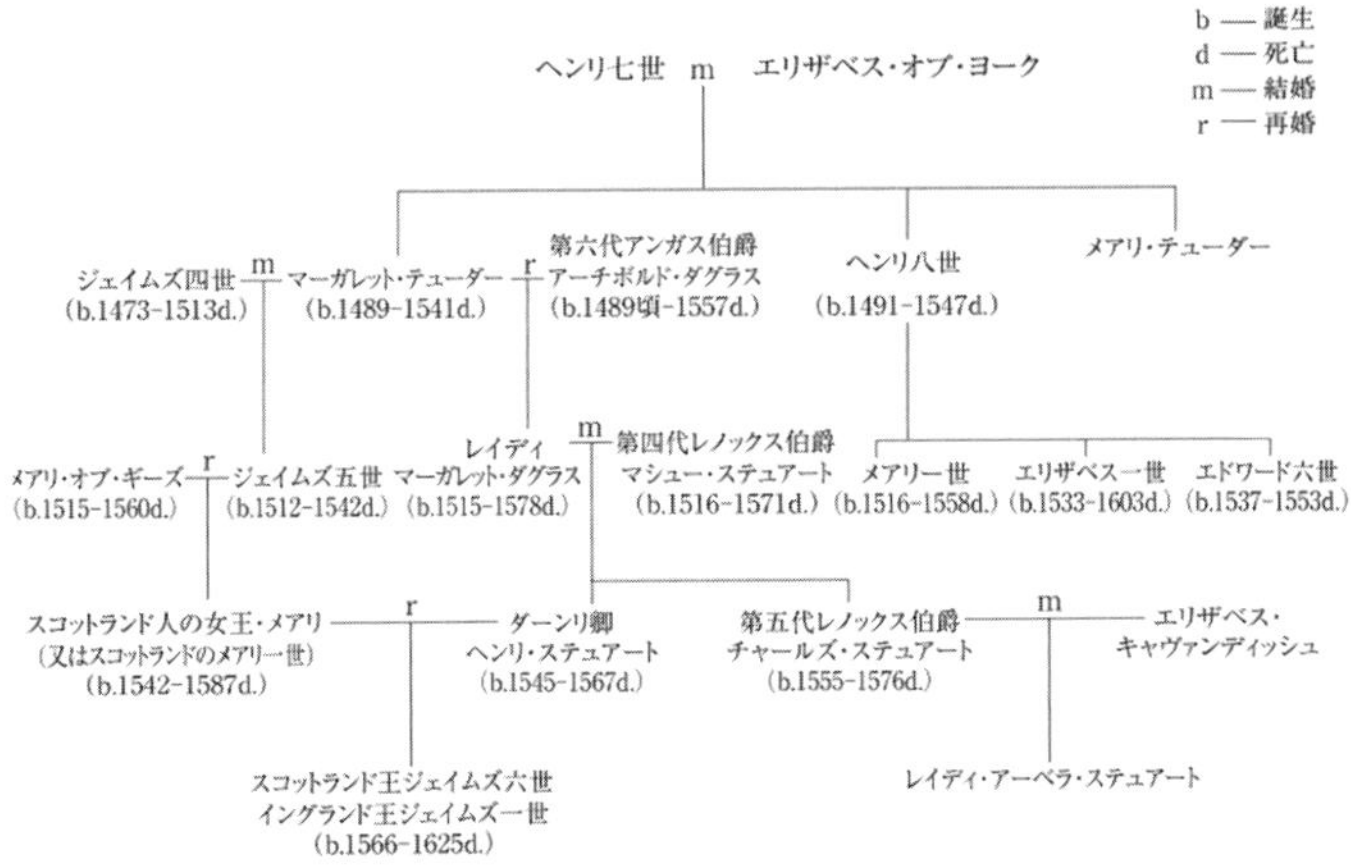

スターリング城再訪はもちろん、ホリルード宮殿、エディンバラ城、避難したダンバートン城、小さなボートで辿り着いたロマンティックなインチマホーム修道院等である。

このメアリ女王を探す旅は、その後も随分続いた。北海の荒波が岩に砕ける音が絶えることなく、その波音の中に立っているダンバー城も、巡回裁判が行われたジェドバラも、ボスウェルが城主で、湿地帯に威容を誇るハーミテジ城等を訪ねるたびに、メアリ女王の人生が見えてくる気がした。旅にいつも同行してくれたジョン・ジェイムズは、ハーミテジ城の前に立つ筆者の写真を撮って、オーディナンス・サーヴェイ社(英国の全土を区画に分けて地図にしている。十八世紀軍事目的で作られた)に送り、この国境地帯の地図の表紙にして私家版としてくれたりもした。

幽閉場所となったロッホ・リーヴン城、カーライル城(ここではまだ半ば客人ではあった)、ボールトン城、タットベリ城等も訪れ、イングランドへの逃避の直前、スコットランド最後の地となったダンドレナン修道院も訪ねていると、そのままメアリ女王の人生を辿っている実感が湧いてきた。正に四百年以上も前の女王の生きる姿が、その場所が、筆者の生活の中に入り込み一緒に長いこと暮らしてきた。メアリ女王の魅力と魔力に、完全に取り憑かれてしまったのである。

本書を亡き父、亡き母、ジョンに捧げたい。

【著者】

ジェイムズ治美

…ジェイムズ・はるみ…

1946年大分県生まれ。熊本大学法文学部卒業、同大学院修士課程修了(英文学)。1978年〜89年熊本商科大学(現熊本学園大学)常勤講師のち助教授。1983年〜84年ロンドン大学、ＵＣＬに留学。1990年から数年、マンチェスター大学科学学部にて日本語教師。1991年リヴァプール大学(ヴィクトリア朝文学、ＭＡ取得)。1998年マンチェスター大学(英文学、MPhil取得)。2000年〜2006年グラズゴウ大学客員研究員。19世紀イギリス文学研究者。『エリザベス・ギャスケル　孤独と共感』(共著、開文社出版、2009年)、『スコットランドの潮風』(海鳥社、2010年)の他、エリザベス・ギャスケル、ジョージ・エリオット、トマス・ハーディに関する論文多数。現在、英国と日本を往復している。

緋《ひ》衣《い》の女王《じょおう》

二〇二二年十月十日　初版第一刷

著者――ジェイムズ治美

発行者――河野和憲

発行所――株式会社 彩流社

〒101-0051

東京都千代田区神田神保町3-10大行ビル6階

電話：03-3234-5931

ファクス：03-3234-5932

E-mail：sairyusha@sairyusha.co.jp

印刷――明和印刷(株)

製本――(株)村上製本所

装丁――中山銀士

ISBN978-4-7791-2854-7 C0023

http://www.sairyusha.co.jp

【彩流社の海外文学】

魔宴

モーリス・サックス 著
大野露井 訳

藩洒と放蕩の間隙に産み落とされた、ある作家の自省的伝記小説、本邦初訳！ ジャン・コクトー、アンドレ・ジッドを始め、数多の著名人と深い関係を持ったサックス。二十世紀初頭のフランスの芸術家達が生き生きと描かれる。

（四六判上製・税込三九六〇円）

蛇座

ジャン・ジオノ 著
山本省 訳

ジオノ最大の関心事であった、羊と羊飼いを扱う『蛇座 Le serpent d'étoiles』、そして彼が生まれ育った町について愛着をこめて書いた『高原の町マノスク Manosque-des-Plateaux』を収める。

（四六判並製・税込三三〇〇円）